Kauderwelsch
Band 23

© TS

Impressum

Thomas Suelmann
Afrikaans — Wort für Wort
erschienen im
REISE KNOW-HOW Verlag Peter Rump GmbH
Osnabrücker Str. 79, D-33649 Bielefeld
info@reise-know-how.de

Bearbeitung	Josef Overberg, Alexander Schwarz
Layout	Elfi H. M. Gilissen
Layout-Konzept	Günter Pawlak, FaktorZwo! Bielefeld
Umschlag	Peter Rump (Titelfoto: Thomas Suelmann)
Kartographie	Iain Macneish
Fotos	Thomas Suelmann (TS); Marina Heinrichs (MH); Fotografen@Fotolia.com, Namensangabe am jeweiligen Bild
Druck und Bindung	Werbedruck GmbH Horst Schreckhase, Spangenberg

ISBN 978-3-8317-6463-1
Printed in Germany

Dieses Buch ist erhältlich in jeder Buchhandlung Deutsch-
lands, Österreichs, der Schweiz und der Benelux-Staaten.
Bitte informieren Sie Ihren Buchhändler über folgende
Bezugsadressen:

Deutschland	Prolit GmbH, Postfach 9, 35461 Fernwald (Annerod) sowie alle Barsortimente
Schweiz	AVA-buch 2000, Postfach 27, CH-8910 Affoltern
Österreich	Mohr Morawa Buchvertrieb GmbH, Sulzengasse 2, A-1230 Wien
Belgien & Niederlande	Willems Adventure, *www.willemsadventure.nl*
direkt	Wer im Buchhandel kein Glück hat, bekommt unsere Bücher zuzüglich Porto- und Verpackungskosten auch direkt über unseren Internet-Shop: *www.reise-know-how.de.*

Zu diesem Buch ist ein **AusspracheTrainer** erhältlich,
als **mp3-Download** unter www.reise-know-how.de
oder auf **Audio-CD** in jeder Buchhandlung Deutschlands,
Österreichs, der Schweiz und der Benelux-Staaten.

Der Verlag möchte die **Reihe Kauderwelsch** weiter ausbauen
und **sucht Autoren!** Mehr Informationen finden Sie unter
www.reise-know-how.de/rkh_mitarbeit.php

Kauderwelsch

Thomas Suelmann

Afrikaans
Wort für Wort

**Zu diesem Buch
ist ein AusspracheTrainer
als MP3-Download erhältlich:
www.reise-know-how.de**

**Auch als Audio-CD
im Buchhandel:
ISBN 978-3-8317-6001-5**

Soveel tale as jy kan, soveel male is jy man.
Soviel Sprachen wie man spricht, so oft ist man Mensch.

**REISE KNOW-HOW
im Internet
www.reise-know-how.de
info@reise-know-how.de**

*Aktuelle Reisetipps
und Neuigkeiten,
Ergänzungen nach
Redaktionsschluss,
Büchershop und
Sonderangebote
rund ums Reisen*

Kauderwelsch-Sprachführer sind anders!

Warum? Weil sie Sie in die Lage versetzen, wirklich zu sprechen und die Leute zu verstehen.

Wie wird das gemacht? Abgesehen von dem, was jedes Sprachbuch bietet, nämlich Vokabeln, Beispielsätze etc., zeichnen sich die Bände der Kauderwelsch-Reihe durch folgende Besonderheiten aus:

Die **Grammatik** wird in einfacher Sprache so weit erklärt, dass es möglich wird, ohne viel Paukerei mit dem Sprechen zu beginnen, wenn auch nicht gerade druckreif.

Alle Beispielsätze werden doppelt ins Deutsche übertragen: zum einen **Wort-für-Wort,** zum anderen in „ordentliches" Hochdeutsch. So wird das fremde Sprachsystem sehr gut durchschaubar. Denn in einer fremden Sprache unterscheiden sich z. B. Satzbau und Ausdrucksweise recht stark vom Deutschen. Ohne diese Übersetzungsart ist es so gut wie unmöglich, schnell einzelne Wörter in einem Satz auszutauschen.

Die **Autorinnen** und **Autoren** der Reihe sind Globetrotter, die die Sprache im Land selbst gelernt haben. Sie wissen daher genau, wie und was die Leute auf der Straße sprechen. Deren Ausdrucksweise ist nämlich häufig viel einfacher und direkter als z. B. die Sprache der Literatur oder des Fernsehens.

Besonders wichtig sind im Reiseland **Körpersprache, Gesten, Zeichen** und **Verhaltensregeln,** ohne die auch Sprachkundige kaum mit Menschen in guten Kontakt kommen. In der Kauderwelsch-Reihe wird darum besonders auf diese Art der nonverbalen Kommunikation eingegangen.

Kauderwelsch-Sprachführer sind keine Lehrbücher, aber viel mehr als traditionelle Sprachführer! Wenn Sie ein wenig Zeit investieren und einige Vokabeln lernen, werden Sie mit ihrer Hilfe in kürzester Zeit schon Informationen bekommen und Erfahrungen machen, die „sprachlosen" Reisenden verborgen bleiben.

Inhalt

Grammatik

Konversation

Inhalt

Anhang

© Andreas Edelmann@Fotolia.com

Vorwort

Südafrika und Namibia – das sind berauschende Landschaften, eine faszinierende Tierwelt, ein buntes Neben- und Durcheinander von Kulturen aus Afrika, Europa und Asien ... und eine Sprache, die wie keine andere diesen Teil der Erde zu beschreiben vermag, die die Denkweisen von Afrika und Europa in sich vereint und stolz den Kontinent ihrer Entstehung in ihrem Namen trägt: Afrikaans!

Gewiss ermöglicht auch die ehemalige Kolonialsprache Englisch eine sachliche Verständigung in den gewohnten touristischen Situationen. Wer sich aber einer einheimischen Sprache bedient, tritt sofort aus der Masse der Touristen heraus und bekundet ein wahres Interesse für Land und Leute. Afrikaans ist die am weitesten verbreitete Sprache im südlichen Afrika und in einem weiten Teil der Region die einzige, die auch die Ohren und Herzen der vielen einsprachigen Menschen öffnen kann. Außerdem ist Afrikaans eine sehr leichte Sprache, die obendrein mit dem Deutschen eng verwandt ist. Das heißt, dass es fast keine Mühe kostet, einfache Unterhaltungen führen zu können.

Dieser Kauderwelschband hilft Ihnen dabei, sich rasch Grundkenntnisse der afrikaansen Sprache anzueignen. Er bietet nützliche Beispielsätze für die wichtigsten Gesprächssituationen, vermittelt Ihnen aber auch, wenn Sie wollen, genügend Grammatik, um selbstständig Sätze bilden zu können. Hinweise und Ratschläge für unterwegs ergänzen die jeweiligen Kapitel. Sie werden staunen: Mit nur wenig Aufwand werden Sie sich auf Afrikaans verständigen können und plötzlich sind Sie kein Tourist mehr, sondern Gast!

Gute Reise und viel Spaß, wenn es heißt:

Kom ons praat Afrikaans!

Hinweise zur Benutzung

Der Kauderwelsch-Band Afrikaans ist in drei Abschnitte gegliedert:

Grammatik Die Grammatik beschränkt sich auf das Wesentliche und ist so einfach gehalten wie möglich. Sie will zunächst mit den wesentlichen Regeln des Afrikaans vertraut machen. Viele grammatikalische Erscheinungen, zumal Ausnahmen und sprachliche Feinheiten, müssen bei dieser knappen Darstellung naturgemäß unberücksichtigt bleiben. Aber auch so bietet dieser Abschnitt genügend Stoff, der sicher nicht bei einmaligem Durchgang zu bewältigen, sondern wohl eher Schritt für Schritt unter ständiger Bezugnahme auf den Konversationsteil zu erarbeiten ist. Wer sich intensiver mit der Grammatik des Afrikaans beschäftigen will, findet in den Literaturtipps am Ende des Buches einige empfehlenswerte Afrikaanslehrwerke.

Im Konversationsteil finden Sie Sätze aus dem Alltagsgespräch, die Ihnen einen Eindruck davon vermitteln wie die afrikaanse Sprache strukturiert ist und Sie auf das vorbereiten sollen, was Sie später im südlichen Afrika hören werden. **Konversation**

Mit Hilfe der Wort-für-Wort-Übersetzung können Sie bald eigene Sätze bilden. Sie können die Beispielsätze als Fundus von Satzschablonen und -mustern benutzen, die Sie selbst Ihren Bedürfnissen anpassen. Um Ihnen das zu erleichtern, ist ein erheblicher Teil der Beispielsätze nach allgemeinen Kriterien geordnet (Bitten, Danken, Wünschen usw.). Mit etwas Kreativität und Mut können Sie sich neue Sätze „zusammenbauen", auch wenn das Ergebnis nicht immer grammatikalisch perfekt ausfällt. **Wort-für-Wort-Übersetzung**

Die Wörterlisten am Ende des Buches helfen Ihnen dabei. Sie enthalten einen Grundwortschatz von je ca. 700 Wörtern Deutsch-Afrikaans und Afrikaans-Deutsch, mit denen man eine ganze Menge meistern kann. **Wörterlisten**

Jede Sprache hat ein typisches Satzbaumuster. Um die sich vom Deutschen unterscheidende Wortfolge afrikaanser Sätze besser durchschauen zu können, ist die Wort-für-Wort-Übersetzung in kursiver Schrift hinzugefügt. Jedem afrikaansen Wort entspricht ein

Wort in der Wort-für-Wort-Übersetzung. Wird ein afrikaanses Wort im Deutschen durch zwei Wörter wiedergegeben, werden diese zwei Wörter in der Wort-für-Wort-Übersetzung mit einem Bindestrich verbunden:

Moenie bekommerd wees nie.
muni bəkommərt wiəß ni
müssen-nicht besorgt sein nicht
Machen Sie sich keine Sorgen.

Werden in einem Satz mehrere Wörter genannt, die man untereinander austauschen kann, steht ein Schrägstrich dazwischen:

Ek is'n Duitser/Oostenryker/Switser
äck aß ə döitßər/uaßtənrejkər/ßwətßər
ich bin ein Deutscher/Österreicher/Schweizer
Ich bin Deutscher/Österreicher/Schweizer.

Umschlagklappen

Die Umschlagklappe hilft, die wichtigsten Sätze und Formulierungen stets parat zu haben. Hier finden sich außerdem die wichtigsten Angaben zur Aussprache; weiterhin eine kleine Liste der wichtigsten Fragewörter, Richtungs- und Zeitangaben. Denn wer ist nicht schon einmal aufgrund missverstandener Gesten im fremden Land auf die falsche Fährte gelockt worden? Aufgeklappt ist der Umschlag eine wesentliche Erleichterung, da nun die gewünschte Satzkonstruktion mit dem entsprechenden Vokabular aus den einzelnen Kapiteln kombiniert werden kann.

Seitenzahlen
Um Ihnen den Umgang mit den Zahlen zu erleichtern, wird auf jeder Seite die Seitenzahl auch in Afrikaans angegeben!

Wenn alles nicht mehr weiterhilft, dann ist vielleicht das Kapitel „Nichts verstanden? – Weiterlernen!" der richtige Tipp. Es befindet sich ebenfalls im Umschlag, stets bereit, mit der richtigen Formulierung für z.B. „Ich verstehe nicht." oder „Können Sie das bitte wiederholen?" auszuhelfen.

Die afrikaanse Sprache

Afrikaans entwickelte sich nach der Gründung Kapstadts im Jahre 1652 aus dem Holländischen des 17. Jhs. Zu den Seeleuten und Angestellten der Verenigde Oost-Indische Compagnie, die aus verschiedenen Dialektgebieten der Niederlande, Flanderns und Deutschlands stammten, gesellten sich bald Einwanderer aus Frankreich, sowie Sklaven und Bedienstete u. a. aus Madagaskar, Ceylon und Java. Hinzu kamen einheimische Khoistämme, volkstümlich „Hottentotten" genannt. Durch die fremdsprachigen Einflüsse und die Entfernung vom Mutterland setzte sich ein Sprachwandel in Gang, der die Unterschiede zwischen der Sprache am Kap und in Holland immer größer werden ließ. Bis zur Annektierung der Kapkolonie durch die Engländer im Jahre 1814 hatte sich eine neue Sprache herausgebildet, die damals noch

Hören Sie sich Ausprachebeispiele mit Ihrem Smartphone an! Ausgewählte Kapitel im Konversationsteil sind dafür mit einem QR-Code ausgestattet. Wer kein Smartphone hat, kann sich die Sätze auch auf unserer Webseite anhören: www.reise-know-how.de/kauderwelsch/023

Kapholländisch genannt wurde. Mitte des 19. Jahrhunderts gab es die ersten Bücher in Afrikaans, und zwar religiöse Texte der islamischen Kapmalaien in arabischer Schrift. Mit der Gründung der „Genootskap van regte Afrikaners" im Jahre 1875 begann der Streit um Anerkennung als Schrift- und Amtssprache. Die zweite Phase der Sprachbewegung setzte 1902 nach dem verlorenen Freiheitskampf gegen England ein und lieferte eine Standardisierung der Rechtschreibung sowie die ersten literarischen Werke. Schließlich wurde Afrikaans 1925 als zweite Landessprache Südafrikas neben Englisch anerkannt. Heute erstreckt sich eine ansehnliche afrikaanse Literatur auf alle Bereiche von Kultur, Wirtschaft, Wissenschaft und Technik.

Afrikaans wird heute von ca. 6,5 Mio Menschen im südlichen Afrika als Muttersprache gesprochen und von weiteren 11 bis 12 Mio als Zweitsprache beherrscht. Somit ist Afrikaans noch vor Zulu und Englisch die meistgesprochene Verkehrssprache der Region.

Seit der politischen Wende im Jahre 1994 hat Südafrika elf Amtssprachen, die als Muttersprachen wie folgt verteilt sind (Volkszählung 2001, Angaben in Millionen):

Zulu	10,7	Süd-Sotho	3,6
Xhosa	7,9	Tsonga	2,0
Afrikaans	6,0	Swasi	1,2
Nord-Sotho	4,2	Venda	1,0
Englisch	3,7	Ndebele	0,7
Tswana	3,7	sonstige	0,2

In Namibia ist seit 1990 Englisch die Amtssprache, Afrikaans jedoch die allgemeine Umgangssprache unter den rund 30 Sprachgruppen. Ursprünglich um 1780 von den gemischtrassigen Orlam-Stämmen nach Namibia gebracht, war Afrikaans zum Ärger der deutschen Schutzmacht bereits während der Kolonialzeit die Lingua franca des Gebiets und ist heute Muttersprache von 11% der ca. 1,8 Mio Namibier.

Als jüngste germanische Sprache hat das Afrikaans eine stark vereinfachte, nahezu beugungsfreie Grammatik. Von seinem nächsten Verwandten Niederländisch unterscheidet es

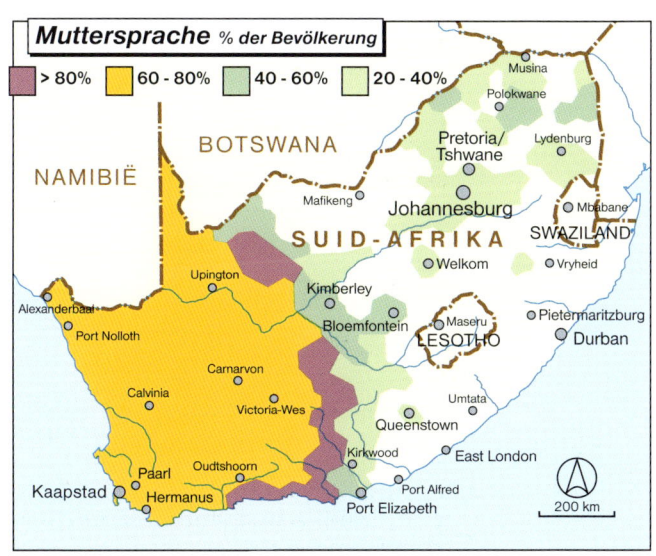

Weitere Kostproben:
skootrekenaar
(Schoßrechner)
Laptop
webwerf
(Netzwerft)
Website
kitskos
(Nu-Kost)
Fastfood

sich daher außer in der Aussprache vor allem in der Sprachlehre. Gemeinsamkeiten im Vokabular ermöglichen jedoch meistens eine Verständigung mit Niederländern. Der oft bildhaft-anschauliche Wortschatz ist reich an Redewendungen und Möglichkeiten neue Wörter zu bilden, und so konnte sich Afrikaans im Konkurrenzstreit mit dem Englischen auf sämtlichen Fachgebieten behaupten. Bis heute werden neue Wörter lieber aus eigenen Mitteln geprägt als aus dem Englischen entlehnt.

einige Kostproben

rekenaar	*Rechner*	Computer
moltrein	*Maulwurfzug*	U-Bahn
prikkelpoppie	*Reizpüppchen*	Pin-up-Girl
ryloop	*fahrlaufen*	trampen

Aussprache

Erfreulicherweise ist Afrikaans eine „phonetische" Sprache: Aussprache und Schreibweise stimmen also weitgehend überein. Wie in anderen Sprachen gibt es auch im Afrikaans regionale Unterschiede in der Aussprache, wenn auch nicht zu vergleichen mit den deutschen Dialekten. Die hier vorgestellte Variante ist weit verbreitet und leicht zu erlernen.

Selbstlaute

Betonte Selbstlaute (Vokale) sind in der Laut-
schrift unterstrichen.

a	a	kurzes a wie „M**a**nn"
		man mann *Mann*
aa	ah	langes a wie „m**a**hnen"
(a)		**maan** mahn *Mond*, **mane** mahnə *Monde*,
		ma mah *Mutter*
e	ä	wie ä in „**Ä**hre"
(ê)		**ver** färr *weit*, **wêreld** wärrəlt *Welt*,
		hê hä *haben*
ee	iə	i und ganz kurzes e wie in „fl**ieh**en"
(e)		**been** biən *Bein*, **bene** biəne *Beine*,
		see ßiə *See*
i	ə	dumpfes e wie in „hatt**e**", „bitt**e**"
(e)		**dit** dət *es*, **te** tə *zu*, **beroep** bərup *Beruf*
ie	i	halblanges i wie in „Phys**i**k"
		siek ßik *krank*
o	o	offenes o wie in „K**o**pf"
(ô)		**kop** kopp *Kopf*, **môre** morrə *morgen*
oo	uə	u und ganz kurzes e wie in „r**uh**en"
(o)		**room** ruəm *Sahne*, **Rome** ruəmə *Rom*
		bo buə *oben*
u	ö	kurzes ö wie in „H**ö**lle"
(û)		**hulle** höllə *sie*, **brûe** bröə *Brücken*
uu	ü	halblanges ü wie in „am**ü**sieren"
(u)		**nuut** nüt *neu*, **ure** ührə *Stunden*,
		sku ßkü *scheu*
oe	u	halblanges u wie „B**u**g": **boek** buk *Buch*
eu	öə	ö und kurzes e etwa wie „Fl**öh**e"
		kleur klöər *Farbe*, **seun** ßöən *Sohn*

*Wenn es offene
Silben sind, gelten die
Schreibweisen in
Klammern.*

offene & geschlossene Silben

Eine offene Silbe endet mit einem Selbstlaut, wie die beiden Silben des deutschen Wortes „Ta-ge". Eine geschlossene Silbe endet mit einem Mitlaut wie im deutschen Wort „Tag".

Die kurzen afrikaansen Selbstlaute a a, e ä, o o und u ö gibt es nur in geschlossenen Silben:

man	**man-ne**	**bom**	**bom-me**
mann	mannə	bomm	bommə
Mann	Männer	Bombe	Bomben

Die Mitlaute n und m werden in den Beispielen doppelt geschrieben, damit die davorstehende Silbe jeweils „geschlossen" bleibt.

Die langen Selbstlaute aa ah, ee iə und oo uə und uu ü kommen dagegen sowohl in geschlossenen wie auch in offenen Silben vor:

geschloss.	offen	geschloss.	offen
maan	**ma-ne**	**boom**	**bo-me**
mahn	mahnə	buəm	buəmə
Mond	Monde	Baum	Bäume

In geschlossenen Silben muss der lange Selbstlaut jeweils doppelt geschrieben werden (denn sonst würde er kurz ausgesprochen); in offenen Silben wird er jedoch einfach geschrieben, da die Verwechslung mit einem kurzen Selbstlaut ausgeschlossen ist.

© MH

Doppellaute

ei	ej	e und ganz kurzes i etwa wie in „h**ey**"
y		**Mei** mej *Mai*, **my** mej *mein*
ou	ou	o und ganz kurzes u wie in „Sh**ow**"
		koud kout *kalt*
ui	öi	ö und kurzes i wie in „F**eui**lleton"
		huis höiß *Haus*
ai	ai	kurzes a und kurzes i wie in „L**ai**b"
		baie baiə *viel*
aai	aai	langes a und kurzes i wie in „H**ai**"
		baaie baaiə *Buchten*
eeu	iu	i und ganz kurzes u wie in „P**iu**s"
		leeu liu *Löwe*
ooi	oi	o und kurzes i wie in „L**oi**pe"
		nooit noit *nie*
oei	ui	u und ganz kurzes i wie in „pf**ui**"
		moeite muitə *Mühe*

ei und y werden gleich ausgesprochen

Nasallaute

In Verbindung mit n werden afrikaanse Selbstlaute oft nasal ausgesprochen. In der Lautschrift sind diese mit ~ markiert.

an	ã	wie in „Restaur**ant**"
		Afrikaans afrikãß *Afrikaans*
en	ẽ	wie in „T**ein**t"
		mens mẽß *Mensch*
on	õ	wie in „Balk**on**"
		ons õß *wir*
in	ə̃	wie in „Parf**um**"
		ingang ə̃chang *Eingang*

Kauderwelsch-AusspracheTrainer

Falls Sie sich die wichtigsten afrikaansen Sätze, die in diesem Buch vorkommen, einmal von einem Einheimischen gesprochen anhören möchten, kann Ihnen Ihre Buchhandlung den **AusspracheTrainer (Audio-CD)** *zu diesem Buch besorgen. Sie bekommen ihn auch über unseren Internetshop* **www.reise-know-how.de** *Dort steht der* **AusspracheTrainer** *auch als* **MP3-Download** *zur Verfügung. Alle Sätze, die Sie auf dem* **AusspracheTrainer** *hören können, sind in diesem Buch mit einem* 🎧 *gekennzeichnet.*

Mitlaute

b	b	wie im Deutschen, stimmlos am Ende: **boek** buk *Buch*, **rib** rəp *Rippe*
d	d	wie im Deutschen, stimmlos am Ende: **dik** dək *dick*, **hand** hannt *Hand*
f,v	f	wie in „**f**ünf" und „**V**ater": **vyf** fejf *fünf*, **vader** fahdər *Vater*
g	ch	immer wie in „Da**ch**": **dag** dach *Tag*, **gaan** chahn *gehen*
gh	g	wie in „**G**olf": **gholf** golf *Golf*
h	h	stimmhaftes h: **hemp** hämmp *Hemd*
j	j	wie im Deutschen: **jaar** jahr *Jahr*
k	k	wie im Deutschen, aber unbehaucht **kan** kann *können*
l	l	etwas dunkler als im Deutschen **lig** ləch *Licht*, **val** fall *fallen*
m	m	wie im Deutschen: **melk** mällk *Milch*
n	n	wie im Deutschen: **nag** nach *Nacht*
p	p	wie im Deutschen, aber unbehaucht **pad** patt *Straße*
r	r	Zungenspitzen-r wie im Spanischen **rooi** roi *rot*, **perd** pärt *Pferd*, **maar** mahr *aber*
s	ß, s	wie in „Gru**ß**" (stimmlos) **soek** ßuk *suchen*
sp	ßp	wie in „We**sp**e": **speel** ßpiəl *spielen*
st	ßt	wie in „ha**st**ig": **staan** ßtahn *stehen*
sj	sch	wie in „Ma**sch**ine": **masjien** maschin *Maschine*
si	sch	**nasionaal** naschonahl *national*
tj	tsch	wie in „**Tsch**eche": **tjek** tschäck *Scheck*

f und v werden gleich ausgesprochen

tjie kji		enge Verschmelzung von k und j
		bietjie bikji *bisschen*
t	t	wie im Deutschen, aber unbehaucht
		taal tahl *Sprache*
w	w	wie im Deutschen: **wat** watt was
z	s	wie in „**s**uchen" (stimmhaft)
		Zoeloe sulu *Zulu*

Aussprachebesonderheiten

– Der unbestimmte Artikel 'n wird ə ausgesprochen.

– Die Punkte auf einem ë (deelteken, *Trennzeichen*) deuten den Anfang einer Silbe an.

– Zwischen den Buchstabenkombinationen rm und lm wird immer ein ə hörbar gesprochen

– Der Buchstabe g, der sonst die Aussprache ch hat, wird zwischen r und einem Selbstlaut wie ein deutsches g gesprochen.

– In der Umgangssprache werden d und h manchmal nicht ausgesprochen.

hoer huhr *Hure*

hoër hu-ɔr *höher*

arm arrəm *Arm*

film fɐlləm *Film*

berg bärch *Berg*

berge bärgə *Berge*

op die bed oppi bätt
auf dem Bett

ek het hom äckättomm
ich habe ihn

Buchstabieren

Wenn man buchstabieren muss, klingen die einzelnen Buchstaben so:

a ah	**b** biə	**c** ßiə	**d** diə	**e** iə
f äff	**g** chiə	**h** hah	**i** i	**j** jiə
k kah	**l** äll	**m** ämm	**n** änn	**o** uə
p piə	**q** kü	**r** ärr	**s** äß	**t** tiə
u ü	**v** fiə	**w** wiə	**x** äks	**y** ej
z ßätt				

Wörter, die weiterhelfen

Hier folgt ein Grundstock an Ausdrücken für jeden Namibia- und Südafrikabesucher. Er deckt wohl allein schon die Hälfte des touristischen Bedarfs und bildet das Gerüst für jedes weiterführende Gespräch.

Goeiedag!	chujədach	Guten Tag!
Totsiens!	tottßinß	Auf Wiedersehen!
asseblief	assəblif	bitte
dankie	danki	danke
Ekskuus tog!	äckßküß toch	Entschuldigung!

Waar is 'n ...? wahr əß ə *– Wo ist ein/e...?*

apteek	apptiək	Apotheke
hospitaal	hoßpitahl	Krankenhaus
dokter	docktər	Arzt
poskantoor	posskanntuər	Postamt
ambassade	ambassahdə	Botschaft
restourant	räßtourannt	Restaurant

Is daar ...? əß dahr *– Gibt es ...?*

Is daar 'n hotel hier?
əß dahr ə hutäll hihr
ist da ein Hotel hier
Gibt es ein Hotel hier?

Is daar 'n bus Durban toe?
aß dahr ə böss dörbann tu
ist da ein Bus Durban zu
Gibt es einen Bus nach Durban?

Is daar nog kaartjies?
aß dahr noch kahrkjiß
sind da noch Kärtchen
Gibt es noch Eintrittskarten?

Ja, daar is.	**Nee, daar is nie.**
jah dahr əß	niə dahr əß ni
ja da ist	*nein da ist nicht*
Ja, gibt es.	Nein, gibt es nicht.

Het julle ...? hätt jöllə – *Haben Sie ...?*

Het julle vrugte?
hätt jöllə fröchtə
habt ihr Früchte
Haben Sie Obst?

Het julle 'n kamer beskikbaar?
hätt jöllə ə kahmər bəßkəckbahr
habt ihr ein Zimmer verfügbar
Haben Sie ein Zimmer frei?

Het julle malariatablette?
hätt jöllə məlahria-tablättə
habt ihr Malariatabletten
Haben Sie Malariatabletten?

Wörter, die weiterhelfen

Ja, ons het.
jah öß hätt
ja wir haben
Ja, haben wir.

Nee, ons het nie.
niə öß hätt ni
nein wir haben nicht
Nein.

Ek soek ... äck ßuk – *Ich suche/möchte ...*

Ek soek die stadsaal.
äck ßuk di ßtattßahl
ich suche den Stadtsaal
Ich suche das Rathaus.

Ek soek iets teen hoofpyn.
äck ßuk ihtß tiən huəfpejn
ich suche etwas gegen Kopfschmerzen
Ich brauche was gegen Kopfschmerzen.

Ek soek die vis met rys.
äck ßuk di fəß mätt rejß
ich suche den Fisch mit Reis
Ich möchte den Fisch mit Reis.

Hoeveel kos ...? hu̱fəl koss – *Wie viel kostet ..?*

Hoeveel kos dit?
hufel koss dət
wie-viel kostet dies
Wie viel kostet das?

Hoeveel kos die kamer per nag?
hufel koss di kahmər pər nach
wie-viel kostet das Zimmer pro Nacht
Wie viel kostet das Zimmer pro Nacht?

Hoeveel kos 'n glas wyn?
hufel koss ə chlass wejn
wie-viel kostet ein Glas Wein
Wie viel kostet ein Glas Wein?

Und wenn man nicht mehr weiter weiß, hilft meist:

Ek verstaan nie.
äck fərstahn ni
ich verstehe nicht
Ich verstehe nicht.

Ek weet nie.
äck wiət ni
ich weiß nicht
Ich weiß (es) nicht.

Artikel & Hauptwörter

Verglichen mit anderen Sprachen hat das Afrikaans eine genial vereinfachte Grammatik, die dem Lernenden kaum Hindernisse in den Weg stellt. Das erste Grammatikkapitel fängt dementsprechend gleich mit einer guten Nachricht an: Anders als im Deutschen gibt es im Afrikaans kein grammatikalisches Geschlecht. Der bestimmte Artikel ist für alle Hauptwörter der Gleiche.

die man	die vrou	die kind
di mann	di frou	di kənt
der Mann	die Frau	das Kind

Der unbestimmte Artikel ist immer 'n (ausgesprochen ə):

'n lepel	'n vurk	'n mes
ə liəpəl	ə förk	ə mäss
ein Löffel	eine Gabel	ein Messer

Zur Unterscheidung des natürlichen Geschlechts gibt es dennoch weibliche Endungen, wovon -in und -es die Häufigsten sind

die onderwyser	**die onderwyseres**
di onnərwejßər	di onnərwejßərräss
der Lehrer	die Lehrerin

Im Zuge der Gleichberechtigung werden diese Endungen allerdings, im Gegensatz zum Deutschen, immer seltener verwendet. Im modernen Sprachgebrauch bedeutet onderwyser sowohl Lehrerin als auch Lehrer.

Mehrzahl

Regel 1: letzte Silbe betont + -e

Hauptwörter die auf der letzten Silbe betont werden, und Hauptwörter die aus nur einer Silbe bestehen, erhalten die Endung -e.

koerant	koerante	park	parke
kurannt	kuranntə	park	parkə
Zeitung	Zeitungen	Park	Parks

Bei Hauptwörtern mit einem kurzen Selbstlaut in einer geschlossenen Silbe verdoppelt sich der auf den Selbstlaut folgende Mitlaut.

lom	blomme	hotel	hotelle
blomm	blommə	hutäll	hutällə
Blume	Blumen	Hotel	Hotels

Hauptwörter mit einem langen Selbstlaut in einer geschlossenen Silbe erkennt man am doppelten Selbstlaut. In der Mehrzahl wird die Silbe zu einer offenen; die Notwendigkeit eines Doppelbuchstabens entfällt, weil man diese Silbe automatisch lang spricht.

straat	strate	kantoor	kantore
ßtraht	ßtrahtə	kanntuər	kanntuərə
Straße	Straßen	Büro	Büros

Regel 2: letzte Silbe unbetont + -s

Hauptwörter ohne Endbetonung erhalten die Mehrzahlendung -s.

winkel	winkels	kaartjie	kaartjies
wənkəl	wənkəlß	kahrkji	kahrkjiß
Laden	Läden	Fahrkarte	Fahrkarten

... und die Ausnahmen

Die wichtigsten Ausnahmen sind Hauptwörter (auch einsilbige), die Verwandtschaft ausdrücken. Sie erhalten die Mehrzahlendung -s.

broer	broers	seun	seuns	oom	ooms
brur	brurß	ßöən	ßöənß	uəm	uəmß
Bruder	Brüder	Sohn	Söhne	Onkel	Onkels

	stad	ßtatt	Stadt
Manche verändern ihren Selbstlaut in der Mehrzahl.	stede	ßtiədə	Städte
	besigheid	biəßəchejt	Geschäft
	besighede	biəßchiədə	Geschäfte
Aus einem f am Ende wird in der Mehrzahl meistens ein w.	brief	brif	Brief
	briewe	briwə	Briefe
	druif	dröif	Traube
	druiwe	dröiwə	Trauben
	kloof	kluəf	Schlucht
	klowe	kluəwə	Schluchten
Ein g oder d am Ende geht oft in der Mehrzahl verloren.	dag	dach	Tag
	dae	dahə	Tage
	pad	patt	Landstraße
	paaie	paaiə	Landstraßen
	brug	bröch	Brücke
	brûe	bröə	Brücken
Einige verloren gegangene Mitlaute tauchen in der Mehrzahl wieder auf.	nag	nach	Nacht
	nagte	nachtə	Nächte
	hemp	hämp	Hemd
	hemde	hämmdə	Hemden
	toeris	turəß	Tourist
	toeriste	turəßtə	Touristen
Unregelmäßige Formen.	kind	kənt	Kind
	kinders	kənnərß	Kinder
	wa	wah	der Wagen
	waens	wahənß	die Wagen
	bed	bätt	Bett
	beddens	bäddēß	Betten

In den Wörterlisten wird die Mehrzahl möglichst abgekürzt angedeutet, z. B. dorp (-e), kantoor (-tore), nag (-te), oom (-s), stad (stede).

Verkleinerungen

Ein besonderes Merkmal der afrikaansen Sprache ist ihre Vorliebe für Verkleinerungsformen. Damit ist oft nicht die tatsächliche Größe von etwas gemeint, sondern man möchte damit auch Sympathie, Vertrautheit, Mitleid, Geringschätzung, manchmal auch Verachtung ausdrücken. Manchmal ergibt sich auch ein neuer Sinn. Nach dem Eigenschaftswort klein erscheint das Hauptwort eigentlich immer in der Verkleinerungsform:

'n groot kamer	**'n klein kamertjie**
ə chruət kahmər	ə klejn kahmərkji
ein großes Zimmer	ein kleines Zimmerchen

Die Verkleinerungsform eines Hauptwortes wird je nach Lautumgebung mit einer von sechs möglichen Endungen gebildet: -ie, -jie, -tjie, -etjie, -pie oder -kie.

huis - huisie	Haus - Häuschen	höiß - höißi
stuk - stukkie	Stück - Stückchen	ßtöck - ßtöcki
dorp - dorpie	Dorf - kleines Dorf	dorp - dorpi
lig - liggie	Licht - Lichtlein	ləch - ləchi
wyf - wyfie	Weib - Weibchen	wejf - wejfi
brood - broodjie	Brot - Brötchen	bruət - bruəkji
hout - houtjie	Holz - Hölzchen	hout - houkji
bottel - botteltjie	Flasche - Fläschchen	bottəl - bottəlkji
seun - seuntjie	Sohn - kleiner Junge	ßöən - ßöənkji
dier - diertjie	Tier - Tierchen	dihr - dihrkji
fooi - fooitjie	Gebühr - Trinkgeld	foi - foikji

pəl - pələkji	**pil - pilletjie**	Pille - kleine Pille
damm - dammǝkji	**dam - dammetjie**	Stausee - Teich
mann - mannǝkji	**man - mannetjie**	Mann - Männchen
kar - karrǝkji	**kar - karretjie**	Auto - kleines Auto
dǝng - dǝngǝkji	**ding - dingetjie**	Ding - kleines Ding
buǝm - buǝmpi	**boom - boompie**	Baum - Bäumchen
wörrǝm - wörrǝmpi	**wurm - wurmpie**	Wurm - Würmchen
pißang - pißanki	**piesang - piesankie**	Banane - kleine Banane

© MH

COLT

DCD 084 MP

Dieses & Jenes

Die hinweisenden Fürwörter sind im Afrikaans hierdie und daardie. Sie werden nie verändert (gebeugt) und stehen gewöhnlich vor dem Hauptwort auf das sie sich beziehen.

hierdie boek	**hierdie blomme**
hiri buk	hiri blommə
hier-das Buch	*hier-die Blumen*
dieses Buch	diese Blumen
daardie koerant	**daardie bome**
dahri kurannt	dahri buəme
dort-die Zeitung	*dort-die Bäume*
jene Zeitung	jene Bäume

„Jene" hört sich im Deutschen ein wenig steif an. Dagegen ist daardie ein viel gebrauchtes Wort im Afrikaans, das sich auf Sachen bezieht, die nicht in unmittelbarer Nähe sind. Es wird in der Umgangssprache oft daai ausgesprochen.

hierdie und daardie können auch wie folgt unmittelbar nach dem betreffenden Hauptwort erscheinen:

Dit is 'n koejawel hierdie.
dət əß ə kujahwəl hiri
es ist eine Guave hier-die
Das hier ist eine Guave.

Dit is nartjies daardie.
dət əß narrkjiß daai
es sind Mandarinen dort-die
Das da sind Mandarinen.

Eigenschaftswörter

Die afrikaansen Eigenschaftswörter erscheinen wie im Deutschen ungebeugt nach dem Hilfsverb „sein":

Suid-Afrika is mooi.
ßöit ahfrikah əß moi
Südafrika ist schön.

Die mense is vriendelik.
di mëßə əß frihndələk
Die Menschen sind freundlich.

Viele Eigenschaftswörter erscheinen in einer gebeugten Form, wenn sie vor einem Hauptwort stehen. Die Entscheidung, ob gebeugt wird oder nicht, hängt nicht wie etwa im Deutschen vom mitwirkenden Artikel oder Hauptwort ab (der gute Wein, ein guter Wein, gutes Bier), sondern von der Struktur des Eigenschaftswortes selbst. Die folgenden zwei vereinfachten Regeln dienen als Orientierungshilfe.

Regel 1: Mehrsilbige Eigenschaftswörter

Mehrsilbige Eigenschaftswörter erhalten die Endung -e vor einem Hauptwort.

Die mense is vriendelik.
di mёßə əß frihndələk
Die Menschen sind freundlich.

Dit is vriendelike mense.
dət əß frihndələkə mёßə
Das sind freundliche Menschen.

Regel 2: Einsilbige Eigenschaftswörter

Einsilbige Eigenschaftswörter bleiben im allgemeinen auch vor einem Hauptwort ungebeugt:

Suid-Afrika is mooi.   **Dit is 'n mooi land.**
ßöit ahfrikah əß moi   dət əß ə moi lannt
Südafrika ist schön.   Es ist ein schönes Land.

unregelmäßige Eigenschaftswörter

Eine große Ausnahme bilden die Eigenschaftswörter die auf -d, -f, -g und -s enden. Diese erhalten vor einem Hauptwort in der Regel auch die Endung -e. Wie bereits bei der Mehrzahlbildung gehen d und g im Auslaut verloren, wird f zu w, und tauchen verlorengegangene Mitlaute wieder auf.

Die nagte is koud.
di nachtə əß kout
Die Nächte sind kalt.

Dit is koue water.
dət əß kouə wahtər
Das ist kaltes Wasser.

Die mense is gaaf.
di mẽßə əß chahf
Die Leute sind nett.

Dit is 'n gawe kelner.
dət əß ə chahwə källnər
Das ist ein netter Kellner.

Völlig unregelmäßig sind lank, jonk, oud, nuut:

Die pad is lank.
di patt əß lank
Der Weg ist lang.

Dit is 'n lang pad.
dət əß ə lang patt
Das ist ein langer Weg.

Sarie is jonk.
ßahri əß jonk
Sarie ist jung.

Dit is 'n jong leeu.
dət əß ə jong liu
Es ist ein junger Löwe.

In den Wörterlisten wird gegebenenfalls die gebeugte Form in Klammern angegeben: vriendelik (-e), vas (-te), koud (koue).

Oupa is oud.
oupah əß out
Opa ist alt.

Dit is 'n ou hotel.
dət əß ə ou hutäll
Es ist ein altes Hotel.

Die ruskamp is nuut.
di rößkamp əß nüt
Das Rastlager ist neu.

Dit is 'n nuwe oorlosie.
dət əß ə nüwə uərluəßi
Es ist eine neue Uhr.

Wichtige Eigenschaftswörter

chut/-ujə-ßläch/-ächtə	**goed (goeie) – sleg (-te)**	gut – schlecht
chruət-klejn	**groot – klein**	groß – klein
lank/lang-kort	**lank (lang) – kort**	lang – kurz
dək-dönn	**dik – dun**	dick – dünn
huəch/-ə-lahch/lahə	**hoog (hoë) – laag (lae)**	hoch – niedrig
dip-flack	**diep – vlak**	tief – seicht
fär-nahbej	**ver – naby**	fern – nah

vinnig (-e) – stadig (-e)	schnell – langsam	fənnəch-ßtahdəch
sterk – swak	stark – schwach	ßtärk-ßwack
helder – donker	hell – dunkel	hälldər-donkər
warm – koud (koue)	warm – kalt	warrəm-kout/kouə
swaar – lig (-te)	schwer – leicht	ßwahr-ləch
moeilik (-e) – maklik (-e)	schwierig – einfach	muilək-macklək
reg(-te) – verkeerd (-e)	richtig – falsch	räch-fərkiərt
hard(-e) – sag(-te)	hart – weich	hart-ßach
vol – leeg (leë)	voll – leer	foll-liəch/liə
duur – goedkoop	teuer – billig	dühr-chutkuəp
oud (ou) – nuut (nuwe)	alt – neu	out/ou-nüt/nüwə
oud (ou) – jonk (jong)	alt – jung	out/ou-jonk/jong
siek – gesond (-e)	krank – gesund	ßik-chəßonnt
ryk – arm	reich – arm	rejk-arrəm
slim – dom	klug – dumm	ßləm-domm
mooi – lelik(-e)	schön – hässlich	moi-liələk
skoon – vuil	sauber – dreckig	ßkuən-föil

Ein sehr nützliches Eigenschaftswort ist lekker, denn nicht nur das Essen ist lekker, sondern so ziemlich alles, was angenehm und
schön ist: 'n lekker dag – *ein schöner Tag*, lekker geselskap - *nette Gesellschaft*, 'n lekker reën – *ein guter
Regen*, 'n lekker gevoel – *ein angenehmes Gefühl*.

Farben

rooi	roi	rot	**groen**	chrun	grün
blou	blou	blau	**oranje**	urannjə	orange
geel	chiəl	gelb	**pers**	pärß	violett
wit	wət	weiß	**swart**	ßwart	schwarz
grys	chrejß	grau	**bruin**	bröin	braun
pienk	pink	rosa	**bont**	bonnt	bunt

Steigern & Vergleichen

Die Steigerungsstufen der Eigenschaftswörter werden einfach mit den Endungen -er und -ste gebildet.

Auch hier gelten die Regeln für offene und geschlossene Silben sowie die für Afrikaans typischen Lautveränderungen.

klein	**kleiner**	**die kleinste**
klejn	klejnər	di klejnßtə
klein	kleiner	am kleinsten
groot	**groter**	**die grootste**
chruət	chruətər	di chruətßtə
groß	größer	am größten
dun	**dunner**	**die dunste**
dönn	dönnər	di dönnßtə
dünn	dünner	am dünnsten
gaaf	**gawer**	**die gaafste**
chahf	chahwər	di chahfßtə
nett	netter	am nettesten
sleg	**slegter**	**die slegste**
ßläch	ßlächtər	di ßlächßtə
schlecht	schlechter	am schlechtesten
vroeg	**vroeër**	**die vroegste**
fruch	fruər	di fruchßtə
früh	früher	am frühsten

Eigenschaftswörter, die bereits auf -r enden, erhalten wegen des besseren Klanges die Endung -der in der ersten Steigerungsstufe:

duur	**duurder**	**die duurste**
dühr	dührdər	di dührßtə
teuer	teurer	am teuersten

Eigenschaftswörter deren Grundform auf -e
endet, werden mit meer und mees gesteigert:

tevrede	meer tevrede	die mees tevrede
təfriədə	miər təfriədə	di miəß təfriədə
zufrieden	zufriedener	am zufriedensten

Unregelmäßig sind wie im Deutschen baie *viel*,
goed *gut* und naby *nah*:

baie	meer	die meeste
baiə	miər	di miəßtə
viel	mehr	am meisten
goed	**beter**	**die beste**
chut	biətər	di bäßtə
gut	besser	am besten
naby	**nader**	**die naaste**
nahbej	nahdər	di nahßtə
nah	näher	am nächsten

Vergleichen

Vergleiche stellt man mit as an:

Kaapstad is verder as Johannesburg.
kahpßtatt aß färdər aß juhannəßbörch
Kapstadt ist weiter als Johannesburg.

Gleichheit wird mit so ... soos ausgedrückt:

Lamsvleis is net so goedkoop soos beesvleis.
lammsflejß aß nätt ßuə chutkuəp ßuəß biəßflejß
Lammfleisch ist ebenso billig wie Rindfleisch.

Persönliche Fürwörter

Die persönlichen Fürwörter (Personalpronomen) sind ganz einfach. Bei „wer?" (1. Fall):

	Einzahl		Mehrzahl	
äck, ōß	**ek**	ich	**ons**	wir
jej, jöllə	**jy**	du	**julle**	ihr
ü, ü	**u**	Sie	**u**	Sie
hej/ßej/dət, höllə	**hy/sy/dit**	er/sie/es	**hulle**	sie

Bei der Frage „wen?" (4. Fall, Akkusativ) oder „wem?" (3. Fall, Dativ)

	Einzahl		Mehrzahl	
mej, ōß	**my**	mich/mir	**ons**	uns
jou, jöllə	**jou**	dich/dir	**julle**	euch
ü, ü	**u**	Sie/Ihnen	**u**	Sie/Ihnen
homm, höllə	**hom**	ihn/ihm	**hulle**	sie/ihnen
hahr	**haar**	sie/ihr		
dit	**dit**	es/ihm		

Im Afrikaans wird nicht zwischen „mich" und „mir" unterschieden. In der Mehrzahl gibt es sogar nur eine Form für alle drei Fälle. Da das Afrikaans kein grammatikalisches Geschlecht kennt, deuten hy und sy das natürliche Geschlecht von Lebewesen an. dit wird für Gegenstände gebraucht und für Lebewesen, deren natürliches Geschlecht unbekannt oder unwichtig ist. In der Umgangssprache wird dit oft durch die männliche Form hy ersetzt.

Besonderheit: dit und is verschmelzen in der Regel zu dis:

Dis (Dit is) 'n goeie wyn hierdie.
dəß ə chujə wejn hiri
es-ist ein guter Wein hier-der
Das hier ist ein guter Wein.

'n Mens vererg jou.
ə mëß fərärch jou
ein Mensch ärgert dich
Man ärgert sich.

Dit sê 'n mens nie.
dət ßä ə mëß ni
es sagt ein Mensch nicht
Das sagt man nicht.

Dem unbestimmten Fürwort „man" entspricht im Afrikaans 'n mens „ein Mensch".

Eine dem Afrikaans eigene Konstruktion, die in der Umgangssprache sehr geläufig ist: Jan-hulle etwa *„Jan-und-seine-Freunde"*, ma-hulle *„Mutter-und-die-anderen-zuhause"* oder Katryn- en Marie-hulle *„Katrin-und-Marie-und-so"*. hulle bezeichnet dabei Leute aus dem Umfeld einer bestimmten Person.

© MH

Besitzanzeigende Fürwörter

Auch ganz einfach! Vor einem Hauptwort:

Einzahl		Mehrzahl	
my	mein	**ons**	unser
jou	dein	**julle**	euer
u	Ihr	**u**	Ihr
sy/haar	sein/ihr	**hulle**	ihr

mej, õß
jou, jöllə
ü, ü
ßej/hahr, höllə

Und ohne Hauptwort:

Einzahl		Mehrzahl	
myne	meins	**ons s'n**	unseres
joune	deins	**julle s'n**	eures
u s'n	Ihres	**u s'n**	Ihres
syne/hare	seins/ihres	**hulle s'n**	ihres

mejnə, õßən
jounə, jölləßən
üßən, üßən
ßejnə/hahrə, hölləßən

Beachte: Das besitzanzeigende Fürwort (Possessivpronomen) sy *sein* sieht rein zufällig aus wie das persönliche Fürwort sy *sie*! Ansonsten haben alle besitzanzeigenden Fürwörter die gleiche Form wie der Wenfall/Wemfall des entsprechenden persönlichen Fürworts.

Dit is my tasse.   **Dis myne.**
dət əß mej tassə   dəß mejnə
Das sind meine Koffer. Das sind meine.

Dit is u sleutel.   **Dis u s'n.**
dət əß ü slöətel   dəß üßən
Das ist Ihr Schlüssel. Das ist Ihrer.

Besitzverhältnisse

Um ein Besitzverhältnis auszudrücken, gebraucht man im Afrikaans das unbetonte Wörtchen se. Ähnliche Konstruktionen in der deutschen Umgangssprache (etwa: dem Wolfgang sein Auto) gelten im Deutschen als unfein. Im Afrikaans ist dies jedoch die einzig richtige Form. Die korrekte deutsche Übersetzung erfolgt mit dem 2. oder auch 3. Fall.

Dit is Ben en Rita se bagasie.
dət əß bänn änn ritah ßə bəchahßi
es ist Ben und Rita ihr Gepäck
Das ist das Gepäck von Ben und Rita.

Wenn kein Hauptwort folgt, nimmt man **s'n**:

Dit is Ben en Rita s'n.
dət əß bänn änn ritah ßən
es ist Ben und Rita ihres
Das ist das von Ben und Rita.

© Jens Teichmann@Fotolia.com

Tätigkeitswörter

Im afrikaansen System gibt es nur drei grammatikalische Zeiten. Jedes Tätigkeitswort (Verb) hat maximal zwei Formen: eine Grundform und eine davon abgeleitete Vergangenheitsform. (Lediglich bei zwei Hilfsworten, nämlich „haben" und „sein", gibt es noch zusätzlich eine Gegenwartsform.) Die Form des Tätigkeitsworts bleibt bei allen Personen gleich, egal ob in der Einzahl oder Mehrzahl.

Gegenwart

Für die Gegenwart wird die Grundform des Tätgikeitsworts verwendet (ohne Endungen):

ek	**drink**	ich trinke
jy/u	**drink**	du trinkst/Sie trinken
hy/sy/dit	**drink**	er/sie/es trinkt
ons	**drink**	wir trinken
julle	**drink**	ihr trinkt
hulle	**drink**	sie trinken

Ek drink koffie.
äck drənk koffi
Ich trinke Kaffee.

Hy eet baie vleis.
hej iət baiə flejß
Er isst viel Fleisch.

Julle gaan swem.
jöllə chahn ßwämm
Ihr geht schwimmen.

Vergangenheit: het + ge- + **Grundform**

Das Afrikaans kennt nur eine Vergangenheitsform, die normalerweise mit het + ge- + Grundform gebildet wird. Zwischen „ich habe getrunken", „ich trank" und „ich hatte getrunken" wird also nicht unterschieden.

ek het gedrink
ich habe getrunken, trank, hatte getrunken
jy het gedrink
du hast getrunken, trankst, hattest getrunken
u het gedrink
Sie haben getrunken, tranken, hatten getrunken
hy/sy/dit het gedrink
er/sie/es hat getrunken, trank, hatte getrunken
ons het gedrink
wir haben getrunken, tranken, hatten getrunken
julle het gedrink
ihr habt getrunken, trankt, hattet getrunken
hulle het gedrink
sie haben getrunken, tranken, hatten getrunken

Ek het koffie gedrink.
äckätt koffi chədrənk
Ich habe Kaffee getrunken.

Flip het in Berlyn gestudeer.
fləp hätt ən Bərlejn chəßtüdiər
Philipp hat in Berlin studiert.

Auf die gleiche Art und Weise bildet man auch
die Vergangenheit von Tätigkeitswörtern wie

„kommen" und „gehen", die im Deutschen zusammen mit „sein" auftreten würden:

Ons het met die trein gekom.
õß hätt mäddi trejn chəkomm
wir haben mit dem Zug gekommen
Wir sind mit dem Zug gekommen.

Hulle het huis toe gegaan.
höllə hätt höiß tu chəchahn
sie haben Haus zu gegangen
Sie sind nach Hause gegangen.

Vergangenheit ohne ge-

Ähnlich wie im Deutschen bilden manche Tätigkeitswörter ihre Vergangenheitsform ohne ge-. Hierzu gehören alle untrennbaren, z.B. solche die mit den Vorsilben be-, ge-, her-, er-, ont- und ver- beginnen:

Die konsert het al begin.
di konnßärt hätt all bəchən
Das Konzert hat bereits begonnen.

Auch wenn zwei normale Tätigkeitswörter nebeneinander stehen, entfällt das ge- in der Vergangenheit:

Ons het die dag geniet
õß hätt di dach chəniht
Wir haben den Tag genossen.

Hy het Sarie gaan haal.
hej hätt ßahri chahn hahl
er hat Sarie gehen holen
Er ist Sarie holen gegangen.

Sy het haar hare laat kleur.
ßej hätt hahr hahrə laht klöər
sie hat ihre Haare lassen färben
Sie hat ihre Haare färben lassen.

trennbar und untrennbar

Zusammengesetzte Tätigkeitswörter funktionieren fast genau so wie im Deutschen. Einige Tätigkeitswörter sind untrennbar („untersuchen"), die meisten aber sind trennbar („aufstehen"). Die trennbaren Tätigkeitswörter erkennt man in der Regel daran, dass die Vorsilbe betont wird. In der Vergangenheitsform kommt dann das ge- wie im Deutschen zwischen die Vorsilbe und den Stamm:

Sy staan vroeg op.   **Sy het vroeg opgestaan.**
ßej ßtahn fruch opp   ßej hätt fruch oppchəßtahn
sie steht früh auf   *sie hat früh aufgestanden*
Sie steht früh auf.   Sie ist früh aufgestanden.

Die untrennbaren Tätigkeitswörter haben eine unbetonte erste Silbe. Sie bilden ihre Vergangenheitsform ohne ge-:

Sy ondersoek die pasiënt.
ßej onnərßuk di paschännt
Sie untersucht den Patienten.

Sy het die pasiënt ondersoek.
ßej hätt di paschännt onnərßuk
Sie hat den Patienten untersucht.

Trennbare Tätigkeitswörter werden in den Wörterlisten mit (-ge-), untrennbare mit (-) gekennzeichnet.

Zukunft: sal + Grundform

Die Zukunft wird einfach mit sal *(werden)* + Grundform gebildet:

ek sal drink	*ich werde trinken*
jy/u sal drink	*du wirst/Sie werden trinken*
hy/sy/dit sal drink	*er/sie/es wird trinken*
ons sal drink	*wir werden trinken*
julle sal drink	*ihr werdet trinken*
hulle sal drink	*sie werden trinken*

Ek sal môre vertrek.
äck ßall morrə fərträck
Ich werde morgen abreisen.

Ons sal jou baie mis.
õß ßall jou baiə məß
Wir werden dich sehr vermissen.

© MH

Unregelmäßige Tätigkeitswörter

Einige wenige afrikaanse Tätigkeitswörter haben eine unregelmäßige Vergangenheitsform, mit der man den Konjunktiv bildet.

	Grundform	Vergangenheit
werden	sal	sou
können	kan	kon
wollen	wil	wou
müssen	moet	moes
dürfen	mag	mog

Ek sal die vis neem.
äck ßall di feß niəm
Ich werde den Fisch nehmen.

Ek sou die vis neem.
äck ßou di feß niəm
Ich würde den Fisch nehmen.

Ek sou die vis geneem het.
äck ßou di feß chəniəm hätt
Ich hätte den Fisch genommen.

Ek sou graag die vis wou neem.
äck ßou chrahch di feß wou niəm
Ich würde gern den Fisch nehmen.

U mag net buite in die gang rook.
ü mach nätt böitə ənni chang ruək
Sie dürfen nur draußen im Gang rauchen.

haben & sein

Im Gegensatz zu allen anderen Tätigkeitswörtern haben die wichtigen Hilfsworte „haben" und „sein" eine Gegenwartsform, die sich von der Grundform unterscheidet:

	Grundf.	Gegenw.	Vergangenh.	Zukunft
sein	**wees**	**is**	**was (gewees)**	**sal wees**
haben	**hê**	**het**	**het gehad**	**sal hê**

Das gewees von was gewees ist eigentlich überflüssig, wird aber zur Betonung gebraucht:

Ons is almal honger.
õß əß ammall hongər
wir sind alle Hunger
Wir haben alle Hunger.

My vakansie was baie lekker gewees.
mej fakãßi waß baiə läckər chəwiəß
mein Urlaub war sehr lecker gewesen
Mein Urlaub war sehr schön.

Hy was nou-nou hier.
hej waß nou nou hihr
er war jetzt-jetzt hier
Er war soeben hier.

Hulle sal môre terug wees.
höllə ßall morrə təröch wiəß
Sie werden morgen zurück sein.

Jy het my adres.
jej hätt mej adräß
Du hast meine Adresse.

Hulle het 'n ongeluk gehad.
höllə hätt ə õchəlöck chəhaht
Sie haben einen Unfall gehabt.

werden

sal entspricht dem deutschen „werden" bei der Bildung der Zukunftsform oder des Konjunktives. In allen anderen Situationen benutzt man im Afrikaans das Vollverb word:

(ich werde gehen)
(ich würde gehen)

Dit word donker.
dət wort donkər
Es wird dunkel.

Estha het siek geword.
äßtah hätt ßik chəwort
Estha ist krank geworden.

Dit sal beter word.
dət ßall biətər wort
Es wird besser werden.

Ontbyt word om sewe-uur bedien.
ontbejt wort omm ßiəwə ühr bədin
Frühstück wird um 7 Uhr serviert.

Sitplekke word hier bespreek.
ßətpläckə wort hihr bəßpriək
Sitzplätze werden hier reserviert.

U vlug is gekanselleer.
ü flöch əß chəkäßəliər
Ihr Flug wurde gestrichen.

Der letzte Satz ist ein Beispiel für das Passiv (die Leideform). Achtung: Die Gegenwart des Passivs wird also mit word *gebildet, die Vergangenheit jedoch mit* is.

besondere Konstruktionen

Trotz des Mangels an Zeitformen ist das Afri-kaans reich an Möglichkeiten feine Bedeu-tungsunterschiede auszudrücken. Hier einige Kostproben:

Durch Verdopplung wird angedeutet, dass sich eine Aktion in kurzen Abständen wiederholt.

Sy proe-proe aan die perske-mampoer.
ßej pru-pru ahni pärßkə-mampur
sie kostet-kostet an dem Pfirsich-schnaps
Sie trinkt den Pfirsichschnaps schlückchen-weise.

Zeitgleiche Tätigkeiten verbindet man mit en verbunden. Nur das erste Tätigkeitswort erhält die Vorsilbe ge-.

Hy het die hele dag op die strand gelê en lees.
hej hätt di hiələ dach oppi ßtrannt chəlä änn liəß
er hat den ganzen Tag auf dem Strand gelegen und liest
Er lag den ganzen Tag lesend am Strand.

© MH

Ons is besig om te eet.
õß æß bießəch omm tə iət
wir sind beschäftigt um zu essen
Wir essen gerade.

Ein im Moment andauernder Vorgang wird mit besig om te oder aan die ausgedrückt.

Hy is aan die werk.
hej əß ahni wärk
er ist an dem arbeiten
Er ist am arbeiten.

Gister bel ek die lugredery en bespreek toe die sitplekke .
chəstər bäll äck di löchriədərej änn bəßpriək tu die ßətpläckə
gestern läute ich die Luftreederei und bespreche dann die Sitzplätze
Gestern habe ich bei der Fluggesellschaft angerufen und die Sitzplätze reserviert.

Hier weisen nur Zeitausdrücke wie gister (gestern) oder toe (als, dann) auf die Vergangenheit hin.

Ons gaan môre vleis braai.
õß chahn morrə flejß braai
wir gehen morgen Fleisch braten
Wir grillen morgen.

Die nahe Zukunft wird sehr oft mit gaan + Grundform gebildet.

Hulle gaan wyn saambring.
höllə chahn wejn ßahmbrəng
sie gehen Wein zusammenbringen
Sie bringen Wein mit.

Auffordern und Befehlen

Die Befehlsform bildet man mit der Grundform des Tätigkeitsworts. Zwischen Einzahl und Mehrzahl wird nicht unterschieden:

Wees versigtig!
wiəß fərßəchtəch
Sei(d)/Seien Sie vorsichtig!

Maak die deur toe.
mahk di döər tu
Mach(t)/Machen Sie die Tür zu!

Bei der Verneinung **Moenie bekommerd wees nie.**
wird ein moenie muni bəkommərt wiəß ni
(= moet nie*)* *müssen-nicht besorgt sein nicht*
hinzugefügt. Mach dir / Macht euch / Machen Sie sich
keine Sorgen!

Moenie die deur toemaak nie.
muni di döər tumahk ni
müssen-nicht die Tür zumachen nicht
Mach / Macht / Machen Sie die Tür nicht zu!

Aufforderungen, die **Kom ons gaan koffie drink.**
den Sprechenden komm öß chahn koffi drənk
einschließen, werden *komm wir gehen Kaffee trinken*
mit kom *ausgedrückt.* Lass uns Kaffee trinken gehen!

Kom ons loop.
komm öß luəp
komm wir laufen
Gehen wir!

sich und einander

Das Afrikaans kennt eine Reihe von rück-
bezüglichen Tätigkeitswörtern, wenn auch
nicht so viele wie das Deutsche. Die rückbe-

züglichen Fürwörter sind mit den persönlichen Fürwörter identisch. Um Missverständnisse zu vermeiden, wird oft ein -self hinzugefügt .

Jy vergis jou.
jej fərchəß jou
du irrst dich
Du irrst dich.

Sy bekommer haar.
ßej bəkommər hahr
sie sorgt sich
Sie macht sich Sorgen.

Hulle vererg hulle.
höllə fərärch höllə
Sie ärgern sich.

Hy skeer homself.
hej skiər hommßällf
Er rasiert sich selbst.

Die haarkapper skeer hom.
di hahrkappər skiər homm
Der Frisör rasiert ihn.

„Sich" im Sinne von „einander, sich gegenseitig" ist immer mekaar.

Ons kry mekaar by die stasie.
öß krej məkahr bej di ßtahßi
wir kriegen einander bei dem Bahnhof
Wir treffen uns am Bahnhof.

Elsa en Jan ken mekaar goed.
ällßah änn J. känn məkahr chut
Elsa u. Jan kennen einander gut
Elsa und Jan kennen sich gut.

Umstandswörter

Umstandswörter (Adverbien) werden im Afrikaans nicht gebeugt.

alleen, ook	alliən, uək	allein, auch
beslis	bəßləß	bestimmt
'n bietjie	ə bikji	ein bisschen
darem	darrəm	dennoch
mos, amper	moss, ammpər	doch, fast
heeltemal	hiəltəmall	ganz, völlig
graag, net	chrahch, nätt	gern, nur
baie	baiə	sehr, viel
so, omtrent	ßuə, ommtrännt	so, ungefähr
miskien	məskin	vielleicht
weer	wiər	wieder
nogal, te	nochall, te	ziemlich, zu
saam	ßahm	zusammen

© MH

Verneinen

Das Verneinungswort im Afrikaans ist nie
(nicht) und nimmt die gleiche Satzstellung ein
wie im Deutschen:

Ek weet nie.
äck wiət ni
Ich weiß nicht.

Dit reën nie.
dət riən ni
Es regnet nicht.

Ons verstaan u nie.
õß fərßtahn ü ni
Wir verstehen Sie nicht.

Dis nie die moeite werd nie.
daß ni di muitə wärt ni
es-ist nicht die Mühe wert nicht
Es lohnt sich nicht.

*Ist die Verneinung
jedoch nicht das letzte
Wort im Satz, folgt
immer ein zweites nie
am Satzende.*

Ek voel nie lekker nie.
äck ful ni läckər ni
ich fühle nicht lecker nicht
Ich fühle mich nicht wohl.

Hy praat nie Engels nie.
hej praht ni ängəlß ni
er spricht nicht Englisch nicht
Er spricht kein Englisch.

*„Kein" wird meistens
ebenfalls mit
nie ('n) ... nie wiederge-
geben.*

Dis nie 'n probleem nie.
daß ni ə prubliəm ni
es-ist nicht ein Problem nicht
Das ist kein Problem.

In zusammengesetzten Sätzen dient das zweite nie *jeweils zur Eingrenzung des Verneinungsbereichs.*

Ek het nie verstaan nie omdat u te vinnig praat.

äckätt ni fərßtahn ni ommdatt ü tə fənnəch praht

ich habe nicht verstanden nicht weil Sie zu schnell sprechen

Ich habe Sie nicht verstanden, weil Sie zu schnell sprechen.

Ek het nie verstaan wat u gesê het nie.

äckätt ni fərßtahn watt ü chəßä hätt ni

ich habe nicht verstanden was Sie gesagt haben nicht

Ich habe nicht verstanden, was Sie gesagt haben.

Ek het nie verstaan nie omdat u nie stadig praat nie.

äckätt ni fərßtahn ni ommdatt ü ni ßtahdəch praht ni

ich habe nicht verstanden nicht weil Sie nicht langsam sprechen nicht

Ich habe Sie nicht verstanden, weil Sie nicht langsam sprechen.

© TS

niks ... nie	nəkß	nichts
niemand ... nie	nimannt	niemand
nêrens ... nie	nährēß	nirgendwo
nooit ... nie	noit	nie
geen ... nie	chiən	gar kein
nòg ... nòg	noch	weder noch
iets	ihtß	etwas
alles	alləß	alles
iemand	imannt	jemand
almal	ammall	alle
êrens	ährēß	irgendwo
orals	uərallß	überall
ooit	oit	jemals
altyd	alltejt	immer
enige	iənəchə	irgendein
elke	ällkə	jedes
òf ... òf	off	entweder oder
en ... en	änn	sowohl als auch

Verneinung von moet

Das Tätigkeitswort moet *müssen* kann auf zwei verschiedene Weisen verneint werden:

Jy moenie dit doen nie.
jej muni dət dun ni
du musst-nicht es tun nicht
Du darfst das nicht tun./Lass das!

moenie (moet nie)
= *nicht dürfen*

Jy hoef dit nie te doen nie.
jej huf dət ni tə dun ni
du musst es nicht zu tun nicht
Du brauchst das nicht zu tun.

hoef nie
= *nicht brauchen*

Verhältniswörter

Die Präpositionen auf einen Blick:

aan, op	ahn, opp	an, auf
onder, langs	onnər, langß	unter, neben
tussen, oor	tössən, uər	zwischen, über
bo, binne	buə, bənnə	ober-/innerhalb
buite, agter	böitə, achtər	außerhalb, hinter
voor, na	fuər, nah	vor, nach/zu
by, om	bej, omm	bei, um
in, uit, deur	ən, öit, döər	in, aus, durch
met, sonder	mätt, ßonnər	mit, ohne
behalwe	bəhallwə	außer
teen, vir	tiən, fər	gegen, für
van, tot	fann, tott	von, bis
sedert	ßiədərt	seit
gedurende	chədührəndə	während

Im Afrikaans werden oft zwei Verhältniswörter miteinander kombiniert, um eine Bewegung auszudrücken:

Sy kom van die stasie af.
ßej komm fanni ßtahßi aff
sie kommt von dem Bahnhof ab
Sie kommt vom Bahnhof.

Sy gaan na die stasie toe.
ßej chahn nah di ßtahßi tu
sie geht nach dem Bahnhof zu
Sie geht zum Bahnhof.

Hy sit in die trein.
hej ßət ənni trejn
er sitzt in dem Zug
Er sitzt im Zug.

Hy klim in die trein in.
hej kləm ənni trejn ən
er steigt in den Zug in
Er steigt in den Zug ein.

Jy sit op my bril.
jej ßət opp mej brəl
Du sitzt auf meiner Brille.

Jy sit daarop.
jej ßət dahropp
Du sitzt darauf.

op + dit = daarop
– *darauf*

by + dit = daarby
– *dabei*

Ek is bang vir die slang.
äck əß bang fəri ßlang
ich bin bange für die Schlange
Ich habe Angst vor der Schlange.

met + dit = daarmee
– *damit*

Ek is bang daarvoor.
äck əß bang dahrfuər
ich bin bange dafür
Ich habe Angst davor.

vir + dit = daarvoor
– *dafür*

---

feste Kombinationen

Wie in vielen Sprachen treten manche afri-
kaanse Tätigkeitswörter immer nur mit be-
stimmten Verhältniswörtern auf. Hier folgt
eine kurze Liste einiger wichtiger Kombi-
nationen, die vom deutschen Sprachgebrauch
abweichen:

behoort aan	gehören zu	bəhuərt ahn
kyk na	anschauen, zuschauen	kejk na
luister na	anhören, zuhören	löißtər na
hou van	mögen, gern haben	hou fann
kom by	kommen bis/zu	komm bej

vir + Objekt

Ein besonderes Merkmal der afrikaansen Umgangssprache ist der Gebrauch des Verhältniswortes vir vor Personalobjekten:

Gee vir my die sleutel.
chiə fər mej di slöətəl
gib für mich den Schlüssel
Gib mir den Schlüssel.

Ons besoek vir Pieter.
öß bəßuk fər pitər
wir besuchen für Pieter
Wir besuchen Peter.

Bindewörter

Die afrikaansen Bindewörter können in drei Gruppen eingeteilt werden, je nachdem wie sie die Wortfolge beeinflussen. Bei Gruppe Eins folgt die normale Wortstellung:

en, maar	änn, mahr	und, aber
of, want	off, wannt	oder, denn

Die bus is wel vinniger, maar die trein is gemakliker.
di böß əß wäll fənnəchər mahr di trejn əß chəmackləkər
Der Bus ist zwar schneller, aber der Zug ist komfortabler.

Gruppe 2: Nach diesen Bindewörtern werden das Subjekt und das erste Tätigkeitswort umgestellt:

dus, nogtans	döß, nochtäß	also, trotzdem
anders, dan	annərß, dann	sonst, dann

Die trein is gemakliker, dus wil ons die trein neem.
di trejn əß chəmackləkər döß wəl õß di trejn niəm
Der Zug ist komfortabler, also wollen wir den Zug nehmen.

Gruppe 3: Nach diesen Bindewörtern stehen die Tätigkeitswörter am Satzende:

dat	datt	dass
omdat	ommdatt	weil
sodat	ßuədatt	so dass
totdat	toddatt	bis dass
voordat	fuərdatt	bevor
nadat	nahdatt	nachdem
terwyl	tərwejl	während
sodra	ßuədrah	sobald
of	off	ob
toe, as	tu, aß	als, wenn
alhoewel	allhuwäll	obwohl

Ons wil die trein neem omdat dit gemakliker is.
õß wəl di trejn niəm ommdatt dət chəmackləkər əß
Wir wollen den Zug nehmen, weil er komfortabler ist.

Relativsätze

Relativsätze bildet man ganz einfach mit dem Bindewort wat:

Die wyn wat u aanbeveel het, is uitstekend.
di wejn watt ü ahmbefiəl hätt əß öitßtiəkənt
Der Wein den Sie empfohlen haben, ist aus-
gezeichnet.

In Verbindung mit **Die kelner oor wie ons praat.**
Verhältniswörtern di källnər uər wi öß praht
unterscheidet man im Der Kellner über den wir sprechen.
Afrikaans konsequent
zwischen wie *für* **Die wyn waaroor ons praat.**
Personen und waar *für* di wejn wahruər öß praht
Gegenstände. Der Wein, über den wir sprechen.

Die zwei Verhältniswörter met und vir ver-
ändern in Verbindung mit waar- ihre Form
(waar- + met = waarmee – *womit;* waar- + vir = waar-
voor – *wofür*):

Die trein waarmee ons ry.
di trejn wahrmiə öß rej
der Zug womit wir fahren
Der Zug mit dem wir fahren.

Die reis waarvoor ek betaal het.
di rejß wahrfuər äck bətahl hätt
die Reise wofür ich bezahlt habe
Die Reise für die ich bezahlt habe.

Wortstellung

Die Wortfolge ist dem Deutschen sehr ähnlich; im Zweifelsfall orientiert man sich immer am deutschen Sprachgebrauch (und nicht etwa am Englischen!):

Ons wil môre vertrek.
ôß wəl morrə fərträck
Wir wollen morgen abreisen.

Môre wil ons vertrek.
morrə wəl ôß fərträck
Morgen wollen wir abreisen.

Der Hauptunterschied zum Deutschen liegt in der Reihenfolge der Tätigkeitswörter, wenn davon mehrere nebeneinander auftreten. Modale Hilfsverben wie sal, kan, wil und moet sowie laat und gaan erscheinen vor dem Haupttätigkeitswort, wogegen het und word danach erscheinen.

U weet dat ons môre wil vertrek.
ü wiət datt ôß morrə wəl fərträck
Sie wissen dass wir morgen wollen abreisen
Sie wissen, dass wir morgen abreisen wollen.

Ek dink dat my vriend al betaal het.
äck dənk datt mej frihnt all bətahl hätt
Ich denke, dass mein Freund schon bezahlt hat.

Hy vra of hy per kredietkaart kon betaal het.
hej frah off hej pər krəditkahrt konn bətahl hätt
er fragt ob er per Kreditkarte konnte bezahlt haben
Er fragt, ob er mit einer Kreditkarte hätte zahlen können.

Fragen

Entscheidungsfragen auf die mit ja oder nee geantwortet wird, werden wie im Deutschen durch Umstellung des Subjekts und des ersten Tätigkeitsworts gebildet:

Praat jy Duits?
praht jej döitß
Sprichst du Deutsch?

Het iemand gebel?
hätt imannt chəbäll
Hat jemand angerufen?

Kan u my help?
kann ü mej hällp
Können Sie mir helfen?

Het julle my brief nie ontvang nie?
hätt jöllə mej brif ni ontfang ni
habt ihr meinen Brief nicht empfangen nicht
Habt ihr meinen Brief nicht bekommen?

Auf verneinte Fragen kann man mit nee antworten.

Nee, ons het.
niə öß hätt ni
nein wir haben
Doch, haben wir.

Ergänzungsfragen

Ergänzungsfragen bildet man mit einem Fragewort, das wie im Deutschen am Satzanfang steht.

wat	watt	was
wie	wi	wer
vir wie	fər wi	wem/wen
wanneer	wannər	wann
waar	wahr	wo
hoe	hu	wie
hoeveel	hufəl	wie viel
waarvandaan	wahrfanndahn	woher
waarnatoe	wahrnahtu	wohin
waarom	wahromm	warum
hoekom	hukomm	wieso
waarvoor	wahrfuər	wofür
waarmee	wahrmiə	womit
waarvan	wahrfann	wovon
watter	wattər	welcher
watse	wattßə	was für (ein)
wie se	wißə	wessen

Waar is die bank?
wahr əß di bank
wo ist die Bank
Wo ist die Bank?

Hoe kom ons by die stasie?
hu komm ôß bej di ßtahßi
wie kommen wir bei dem Bahnhof
Wie kommen wir zum Bahnhof?

Zahlen & Mengen

Die Grundzahlen auf einen Blick:

0 **nul**	nöll	10 **tien**	tin		
1 **een**	iən	11 **elf**	ällf		
2 **twee**	twiə	12 **twaalf**	twahlf		
3 **drie**	dri	13 **dertien**	dährtin		
4 **vier**	fihr	14 **veertien**	fiərtin		
5 **vyf**	fejf	15 **vyftien**	fejftin		
6 **ses**	ßäß	16 **sestien**	ßäßtin		
7 **sewe**	ßiəwə	17 **sewentien**	ßiəwəntin		
8 **ag, agt**	ach	18 **agtien**	achtin		
9 **nege**	niəchə	19 **negentien**	niəchəntin		

Beachte:
Es heißt vier,
aber veertien
und veertig;
ag *und* agtien,
aber tagtig!

20 **twintig**	twəntəch
21 **een en twintig**	iən änn twəntəch
22 **twee en twintig**	twiə änn twəntəch
30 **dertig**	dährtəch
40 **veertig**	fiərtəch
50 **vyftig**	fejftəch
60 **sestig**	ßäßtəch
70 **sewentig**	ßiəwəntəch
80 **tagtig**	tachtəch
90 **negentig**	niəchəntəch

100 **(een) honderd**	honnərt
101 **honderd en een**	honnərt änn iən
1 000 **(een) duisend**	döißənt
1 000 000 **('n, een) miljoen**	məljun
1 000 000 000 **('n, een) miljard**	məljart

2345 = **twee duisend drie honderd vyf en veertig**

6 789 000 = **ses miljoen sewe honderd nege en tagtig duisend**

Die vier Grundrechenarten

nege en drie is twaalf	*9 + 3 =12*
nege min drie is ses	*9 - 3 = 6*
nege maal drie is sewe en twintig	*9 x 3 = 27*
nege gedeel deur drie is drie	*9 : 3 = 3*

Ordnungszahlen

1e	**eerste**	11e	**elfde**	iərßte, ällfdə
2e	**tweede**	12e	**twaalfde**	twiədə, twahlfdə
3e	**derde**	13e	**dertiende**	dährdə, dährtində
4e	**vierde**	14e	**veertiende**	fihrdə, fiərtində
5e	**vyfde**	15e	**vyftiende**	fejfdə, fejftində
6e	**sesde**	16e	**sestiende**	ßäßdə, ßäßtində
7e	**sewende**	17e	**sewentiende**	ßiəwəndə, ßiəwəntində
8e	**agste**	18e	**agtiende**	achßtə, achtində
9e	**negende**	19e	**negentiende**	niəchəndə, niəchəntində
10e	**tiende**	20e	**twintigste**	tində, twəntəchßtə

Die Ordnungszahlen von 2 bis 19 haben (bis auf agste) alle die Endung -de. Unregelmäßig sind eerste, derde, sewende und negende: Die Zahlen ab 20 erhalten die Endung -ste:

21.	**een en twintigste**	iən änn twəntəchßtə
99.	**nege en negentigste**	niəchə änn niəchəntəchßtə
100.	**honderdste**	honnərtßtə

Bruchzahlen

Bruchzahlen bildet man aus den entsprechenden Ordnungszahlen, wobei die Formen half und kwart Ausnahmen sind.

1/2	'n half	ə hallf
1/3	'n derde	ə dährdə
2/3	twee derdes	twiə dährdəß
1/4	'n kwart	ə kwart
3/4	drie kwarte	dri kwartə
5/8	vyf agstes	fejf achßtəß

'n halwe pomelo
ə hallwə pommiəlu
1/2 Pampelmuse

die helfte van die koek
di hällftə fanni kuk
die Hälfte des Kuchens

die hele tert
di hiələ tährt
die ganze Torte

Mengenangaben

Bei Mengenangaben steht das Hauptwort generell in der Einzahl:

honderd gram
honnərt chramm
100 Gramm

veertig kilometer
fiərtəch kilumiətər
40 Kilometer

tien liter
tin litər
10 Liter

drie rand vyf
dri rannt fejf
R 3,05

'n paar skoene
ə pahr ßkunə
ein Paar Schuhe

'n stukkie vleis
ə ßtöcki flejß
ein Stück Fleisch

'n koppie koffie
ə koppi koffi
eine Tasse Kaffee

Zeit & Datum

Zunächst ein paar allgemeine Zeitangaben:

dag (dae)	dach	Tag
week (weke)	wiək	Woche
maand (-e)	mahnt	Monat
seisoen (-e)	ßejßun	Jahreszeit
jaar (jare)	jahr	Jahr
vandag	fəndach	heute
gister	chəßtər	gestern
eergister	iərchəßtər	vorgestern
môre	morrə	morgen
oormôre	uərmorrə	übermorgen
vanjaar	fənjahr	dieses Jahr
oggend (-e)	ochənt	Morgen
namiddag (-dae)	nahmədach	Nachmittag
aand (-e)	ahnt	Abend
nag (-te)	nach	Nacht
nou	nou	jetzt
nou-nou	nounou	gleich, soeben
gou	chou	bald
onlangs	onlangß	neulich
lank laas	lank lahß	lange nicht mehr
altyd	alltejt	immer
soms	ßommß	manchmal
dikwels	dəkwəlß	oft
selde, nooit	ßälldə, noit	selten, nie

hierdie week	**oor drie dae**	**Maak gou!**
hiri wiək	uər dri dahə	mahk chou
diese Woche	in drei Tagen	Mach schnell!

Uhrzeit

sekonde (-s)	ßəkonndə	Sekunde
minuut (minute)	mənüt	Minute
uur (ure)	ühr	Stunde
oomblik (-ke)	uəmblək	Moment
tyd (tye)	tejt	Zeit
oorlosie (-s)	uərluəßi	Uhr

Hoe laat is dit?	**Dit is tienuur.**
hu laht əß dət	dət əß tinühr
Wie spät ist es?	Es ist 10 Uhr.

My oorlosie is voor/agter.
mej uərluəßi əß fuər/achtər
Meine Uhr geht vor/nach.

Hoe laat begin die fliek?
hu laht bəchən di flik
wie spät beginnt der Film
Wann fängt der Film an?

Dit begin om kwart oor nege.	**Het u tyd?**
dət bəchən omm kwart uər niəchə	hätt ü tejt
es beginnt um Viertel über 9	*haben Sie Zeit*
Er beginnt um 21:15 Uhr.	Haben Sie Zeit?

Op die oomblik nie.	**Net 'n oomblik, asseblief.**
oppi uəmblək ni.	nätt ə uəmblək assəblif
Im Moment nicht.	Einen Augenblick, bitte.

'n kwartier
ə kwartihr
1/4 Stunde

'n halfuur
ə hallführ
1/2 Stunde

Hoe lank sal dit duur?
hu lank ßall dət dühr
Wie lange wird es dauern?

teen middag
tiən mədach
gegen Mittag

tussen vyf- en sesuur
tössən fejf änn ßäßühr
zwischen fünf und sechs Uhr

vyftienuur vyf / vyf (minute) oor drie	*15h05*
vyftienuur vyftien / kwart oor drie	*15h15*
vyftienuur dertig / halfvier	*15h30*
vyftienuur vyf en veertig / kwart voor vier	*15h45*
vyftienuur vyftig / tien (minute) voor vier	*15h50*

Zwischen Vor- und Nachmittag wird oft wie folgt unterschieden:

sesuur voormiddag / 6h00 vm	*6 Uhr*
sesuur namiddag / 6h00 nm	*18 Uhr*

Wochentage

Maandag	mahndach	Montag
Dinsdag	də̃ßdach	Dienstag
Woensdag	wunßdach	Mittwoch
Donderdag	donnərdach	Donnerstag
Vrydag	frejdach	Freitag
Saterdag	ßahtərdach	Samstag
Sondag	ßonndach	Sonntag
naweek	nahwiək	Wochenende

op Maandag
opp mahndach
auf Montag
am Montag

oor die naweek
uər di nahwiək
über das Wochenende
am Wochenende

Vandag is Dinsdag.
fəndach əß dēßdach
heute ist Dienstag
Heute ist Dienstag.

Monate und Jahreszeiten

Januarie	jannəwari	Januar
Februarie	fiəbərwari	Februar
Maart	mahrt	März
April	apprəl	April
Mei	mej	Mai
Junie	jüni	Juni
Julie	jüli	Juli
Augustus	ouchößtöß	August
September	ßəptämmbər	September
Oktober	ocktuəbər	Oktober
November	nufämmbər	November
Desember	dißämmbər	Dezember
lente	länntə	Frühling
somer	ßuəmər	Sommer
herfs	hährfs	Herbst
winter	wəntər	Winter

in Meimaand
ən mejmahnt
in Mai-Monat
im Mai

vanaf/tot Juniemaand
fannaff/tott jünimahnt
ab/bis Juni-Monat
ab/bis Juni

in die winter
ənni wəntər
in dem Winter
im Winter

Datum und Feiertage

Wat is die datum vandag?
watt əßi dahtömm fəndach
Den Wievielten haben wir heute?

Vandag is die 2e (tweede) Mei.
fəndach əßi twiədə mej
Heute ist der zweite Mai.

Wanneer verjaar jy?
wannər fərjahr jej
wann verjährst du
Wann hast du Geburtstag?

Ek verjaar op 15 (vyftien) Desember.
äck fərjahr opp fejftin dißämmbər
ich verjähre auf fünfzehn Dezember
Ich habe am 15. Dezember Geburtstag.

© TS

Kaapstad is gestig op 6 (ses) April 1652 (sestien twee en vyftig).

kahpstatt əß chəßtəch opp ßäß apprəl ßäßtin twiə änn fejftəch

Kapstadt ist gegründet auf sechs April sechzehn zweiundfünfzig

Kapstadt wurde am 6. April 1652 gegründet.

Nuwejaar	nüwəjahr	Neujahr
Paasfees	pahßfiəß	Ostern
Pinkster	pənkßtər	Pfingsten
Kersfees	kährßfiəß	Weihnachten
vakansiedag	fəkäßidach	Feiertag
vakansie	fəkäßi	Ferien/Urlaub

Die gesetzlichen Feiertage in Südafrika und Namibia:

	Südafrika	**Namibia**
1 Januarie	**Nuwejaarsdag**	**Nuwejaarsdag**
21 Maart	**Menseregtedag**	**Onafhanklikheidsdag**
Karfreitag	**Goeie Vrydag**	**Goeie Vrydag**
Ostermontag	**Gesinsdag**	**Gesinsdag**
27 April; 1 Mei	**Vryheidsdag**	**Werkersdag**
1 Mei; 4 Mei	**Werkersdag**	**Cassingadag**
16 Junie; *Himmelfahrt*	**Jeugdag**	**Hemelvaartdag**
9 Augustus; 18 Mei	**Nasionale Vrouedag**	**Heldegedenkdag**
24 September; 25 Mei	**Erfenisdag**	**Afrikadag**
26 Augustus		**Namibiëdag**
16 Desember; 10 Desember	**Versoeningsdag**	**Menseregtedag**
25 Desember	**Kersdag**	**Kersdag**
26 Desember	**Welwillendheidsdag**	**Welwillendheidsdag**

Ortsangaben

Die wichtigsten Ortsangaben zum Auswendig lernen auf einen Blick:

hier, daar	hihr, dahr	hier, dort
hierso	hihrßo	hier (bet.)
daarso	dahrßo	dort (bet.)
regs, links	rächß, lənkß	rechts, links
onder, bo	onnər, buə	unten, oben
voor, agter	fuər, achtər	vorne, hinten
oos/-te	uəß/uəßte	Ost/-en
wes/-te	wäß/wäßtə	West/-en
noord/-e	nuərt/nuərdə	Nord/-en
suid/-e	ßöit/ßöidə	Süd/-en

Jou goeters lê hierso.
jou chutərß lä hihrßo
Deine Sachen liegen hier.

Teenoor die poskantoor.
tiənuər di posskanntuər
Gegenüber der Post.

Anderkant die rivier.
annərkannt di rəfihr
Auf der anderen Seite des Flusses.

Julle slaap bo.	**In die weste.**	**Om die hoek.**
jöllə ßlahp buə	ənni wäßtə	ommi huk
Ihr schlaft oben.	Im Westen.	Um die Ecke.

Kurz-Knigge

Angesichts der kulturellen, ethnischen und sprachlichen Vielfalt im südlichen Afrika gibt es auch innerhalb der afrikaansen Gemeinschaft große Unterschiede. Sie setzt sich aus unterschiedlichen Schichten zusammen, vom Erd-verwachsenen Buren auf einer entlegenen Farm im Freistaat bishin zum moslemisch-kapmalaiischen Blumenhändler im mondänen Kapstadt. Dennoch gibt es gewisse Gemeinsamkeiten, die man als „typisch südafrikanisch" oder „typisch afrikaans" bezeichnen kann.

Für Südafrikaner und Namibianer aller Hautfarben spielt im täglichen Leben die Religion eine sehr wichtige Rolle. Für atheistische Weltanschauungen haben sie wenig Verständnis. Afrikaanssprachige sind meist vom Kalvinismus geprägt mit der Folge, dass zum Beispiel am Sonntag „nichts los ist". Dieser Tag gehört der Kirche und der Familie. Die Afrikaners oder Buren gelten, im Gegensatz zu ihren Englischsprachigen Mitbürgern, als eher bodenständig und Afrikatreu. Obwohl die Mehrheit in den Städten lebt, haben fast alle noch einen Onkel oder eine Kusine auf einer Farm, die sie regelmäßig besuchen. Die Gastfreundschaft der Buren, vor allem auf dem Lande, dem platteland, ist sprichwörtlich, und gilt in gleichem Maße auch für die Kleurlinge (Farbigen).

Das Leben im südlichen Afrika spielt sich vorwiegend im Freien ab, von daher ist die Kleidung auch eher sportlich-leger. Abends jedoch geht es etwas formeller zu und auf gepflegte Kleidung wird Wert gelegt. In einem Theater in Kapstadt oder einem Restaurant in Johannesburg ist der „Safari-Look" völlig fehl am Platz.

Im südlichen Afrika ist eine Begrüßung per Handschlag nicht unbedingt üblich. Im Zweifelsfall wartet man lieber ab, ob der Gegenüber die Hand reicht. Afrikaanse Frauen werden von Freunden (beiderlei Geschlechts) mit einem Kuss auf den Mund begrüßt – und nicht etwa auf die Wange.

Für zufriedenstellende Dienstleistungen erwarten Gepäckträger, Kellner, Taxifahrer und Zimmermädchen ein fooitjie (Trinkgeld). Dem Tankwart ein Trinkgeld zu geben, liegt im eigenen Ermessen. Als Faustregel gilt für Kellner und Taxifahrer ca. 10% des Rechnungsbetrages. Für kleine Dienstleistungen ist ein Trinkgeld von zwei bis drei Rand (bzw. Namibia-Dollar) üblich.

Seit der politischen Umwälzung in Südafrika hat die Kriminalität in den Städten stark zugenommen. Vor allem (aber nicht nur) in der Johannesburger Innenstadt empfiehlt es sich abends nicht spazieren zu gehen, sondern sich lieber im Taxi fortzubewegen. Armenviertel sollte man nur in Begleitung von Einheimischen besuchen. Unnötig zur Schau gestellter Schmuck sowie baumelnde Kameras und Handtaschen laden nur zum Diebstahl ein. Bei Autofahrten sollten Türen und Fenster geschlossen sein. Wer diese Vorsichtsmaßnahmen trifft, hat im südlichen Afrika relativ wenig zu befürchten.

Namen & Anrede

Namen & Anrede

Fremde werden mit einem der folgenden Titel angesprochen:

meneer (mnr.)
mənɪər
mein Herr

mevrou (mev./me.)
məfrou
gnädige Frau

mejuffrou (mej./me.)
məjöffrou
gnädiges Fräulein

Verskoon my, Meneer, kan u my sê waar ... is?
fərßkuən mej mənɪər kann ü mej ßä wahr ... əß
entschuldigen-Sie mich mein-Herr können Sie mir sagen wo ... ist
Entschuldigen Sie bitte. Können Sie mir sagen, wo ... ist?

Ekskuus tog, Mevrou.
äckßküß toch məfrou
Verzeihung doch gnädige-Frau
Entschuldigung!

Totsiens, Mejuffrou.
tottßinß məjöffrou
Auf-Wiedersehen gnädiges-Fräulein
Auf Wiedersehen.

Wenn der Familienname bekannt ist, kann er hinzufügt werden:

Frauen kann man auch mit dem Familienstand-neutralen Wort dame *anreden; diese Anrede kann allerdings nicht mit Nachnamen kombiniert werden.*

Dag, mevrou Beukes, hoe gaan dit met u?

dach məfrou böəkəß hu chahn dət mätt ü

Guten Tag Frau Beukes, wie geht es Ihnen?

Verskoon my, Dame, kan u my help asseblief?

fərßkuən mej dahmə kann ü mej hällp assəblif

entschuldigen-Sie mich die-Dame können Sie mir helfen bitte

Entschuldigen Sie bitte. Können Sie mir helfen?

weitere Anredeformen

Das höfliche u *wird in der Umgangs-sprache weniger gebraucht als im Deutschen das „Sie". Sie wird gegenüber Personen verwendet, die einen höheren Status haben oder älter sind als der Sprechende. Im Afrikaans ist es üblich, unter Gleichgestellten und Gleichaltrigen (+15 Jahre) sowie gegenüber Jüngeren das informelle* jy (du) *zu verwenden, selbst wenn man sich nicht näher kennt.*

Das Afrikaans kennt auch noch eine dritte Anredestufe zwischen dem höflichen u und dem familiären jy, nämlich die dritte Person in Form eines Verwandschaftsworts wie Pa *(Vater)* oder Ma *(Mutter).* Diese Variante wird gegenüber älteren Verwandten verwendet, Oom *(Onkel)* und Tannie *(Tante),* auch gegenüber älteren Freunden oder gar Fremden in informellen Situationen, wenn der Altersunterschied mehr als ca. 15 Jahre beträgt:

Oom, hoeveel beeste het Oom op Oom se plaas?

uəm hufəl biəßtə hätt uəm opp uəm ßə plahß

Onkel wie-viel Rinder hat Onkel auf Onkel seiner Farm

Wie viel Rinder haben Sie auf Ihrer Farm?

Die Auswahl der richtigen Anrede ist situationsbedingt und fordert ein wenig Sprachgefühl. Generell gilt:

– In „offiziellen" Situationen (Behörden, Banken usw.) sowie generell gegenüber älteren Personen die Variante meneer/mevrou + u verwenden.

– Gegenüber Gleichaltrigen und Jüngeren ruhig das jy anwenden.

– Nicht auf dem u verharren, wenn einem das Oom oder Tannie angeboten wird.

Begrüßen & Verabschieden

Die Standardbegrüßungsfloskeln je nach Tageszeit sind:

Goeiemôre.
chujəmorrə
Guten Morgen.

Goeiemiddag.
chujəmədach
Guten Tag.

Goeienaand.
chujənahnt
Guten Abend.

Goeienag.
chujənach
gute-Nacht
Gute Nacht.

Dag!
dach
Tag
Hallo.

Dagsê!
dachßä
Tag-sagen
Grüß dich.

Welkom hier by ons.
wällkomm hihr bej öß
Willkommen hier bei uns.

Welkom in Graaf-Reinet.
wällkomm ən chrahfrənätt
Willkommen in Graaf-Reinet.

Mit einem Smartphone können Sie sich die mit einem 🎵 gekennzeichneten Sätze dieses Kapitels anhören. Scannen Sie einfach den QR-Code mit Hilfe einer kostenlosen App (z. B. „Barcoo" oder „Scanlife").

🎵 **Dis gaaf om jou/julle weer te sien.**
daß chahf omm jou/jöllə wiər tə ßin
es-ist nett um dich/euch wieder zu sehen
Es ist nett dich/euch wieder zu sehen.

🎵 **Jan stuur groete.**
jann ßtühr chrutə
Jan schickt Grüße
Schönen Gruß vom Jan.

🎵 **Hoe gaan dit (met jou/u/julle)?**
hu chahn dət (mätt jou/ü/jöllə)
Wie geht es (dir/Ihnen/euch)?

🎵 **Goed, dankie, en met jou/u/julle?**
chut danki änn mätt jou/ü/jöllə
Gut danke und dir/Ihnen/euch?

🎵 **Ja nee, ek kan nie kla nie.**
jah niə äck kann ni klah ni
ja nein ich kann nicht klagen nicht
Recht gut.

🎵 **Dit gaan nog lekker.**
dət chahn noch läckər
es geht noch lecker
Sehr gut.

🎵 **Hoe gaan dit met jou oom-hulle?**
hu chahn dət mätt jou uəmhöllə
wie geht es mit deinem Onkel-ihnen
Wie geht es deinem Onkel und so?

♪ **Dit gaan goed met almal.**
dət chahn chut mätt ammall
es geht gut mit allen
Es geht ihnen allen gut.

♪ **Nie te goed nie.**
ni tə chut ni
nicht zu gut nicht
Nicht so gut.

♪ **Wat makeer?**
watt məkiər
was fehlt
Was ist los?

verabschieden

♪ **Totsiens.**
tottßinß
Auf Wiedersehen.

♪ **Goeienag.**
chujənach
Gute Nacht.

♪ **Lekker slaap.**
läckər ßlahp
lecker schlafen
Schlaf/Schlaft gut.

♪ **Sien vir jou/julle.**
ßin fər jou/jöllə
sehe für dich/euch
Tschüss.

♪ **Sien vir jou môre.**
ßin fər jou morrə
sehe für dich morgen
Bis morgen.

♪ **Sien vir jou later.**
ßin fər jou lahtər
sehe für dich später
Bis später.

Sehr salopp sind die ersten zwei Verabschiedungen:

♪ **Tatta**
tattah
Tschüss.

Koebaai.
kubaai
Tschau.

Aangename reis.
āchənahmə rejß
Gute Reise.

Sê groete vir Jan/almal by die huis.
ßä chrutə fər jann/ammall bej di höiß
sag Grüße für Jan/alle bei dem Haus
Schönen Gruß an Jan/alle zu Hause.

♪ Kom gou weer.
komm chou wiər
Komm bald wieder.

♪ Ek/ons kom beslis weer.
äck/öß komm bəßləß wiər
Ich/wir komme/n bestimmt wieder.

♪ Skryf gerus.
ßkrejf chəröss
Schreib(t) ruhig.

Ein typisch afrikaanser
Abschiedswunsch an
Abreisende und der
entsprechende Wunsch
an Zurückbleibende
lauten:

♪ Hier is my/ons adres.
hihr əß mej/öß adräss
Hier ist meine/unsere Adresse.

♪ Mooi loop.	**Mooi bly.**
moi luəp	moi blej
schön laufen	*schön bleiben*
Mach(t)'s gut.	Mach(t)'s gut.

Bitten & Danken

Die höflichen Wörtchen zuerst:

asseblief	**daar's hy**	**ekskuus?**
assəblif	dahrß hej	äckßküß
bitte	*da-ist er*	*Verzeihung*
bitte	bitte schön	Wie bitte?

plesier	**nie te danke nie**
pləßihr	ni tə dankə ni
Vergnügen	*nicht zu danken nicht*
bitte/gern geschehen	bitte/keine Ursache

Die verschiedenen Übersetzungen des deutschen Wortes „bitte" können anhand des folgenden Dialogs illustriert werden:

🎵 – **Ek wil graag 'n koppie koffie hê.**	*Ich möchte eine Tasse Kaffee.*
🎵 – **Ekskuus?**	*Wie bitte?*
🎵 – **'n Koppie koffie, asseblief.**	*Eine Tasse Kaffee, bitte.*
🎵 – **Daar's hy.**	*Bitte schön.*
🎵 – **Dankie.**	*Danke.*
🎵 – **Plesier.**	*Gern geschehen.*

🎵 **Kan ek 'n straatkaart kry?**
kann äck ə ßtrahtkahrt krej
Kann ich einen Stadtplan bekommen?

🎵 **Mag ek rook?**
mach äck ruək
Darf ich rauchen?

Mag ek 'n foto neem?
mach äck ə futu niəm
darf ich ein Foto nehmen
Darf ich ein Foto machen?

Gee/Bring/Wys vir my … asseblief.
chiə/brəng/wejß fər mej … assəblif
gib/bring/zeige für mich … bitte
Geben/Bringen/Zeigen Sie mir … bitte.

Kan u my help?
kann ü mej hällp
Können Sie mir helfen

… 'n guns doen?
… ə chönnß dun
… einen Gefallen tun

… sê waar … is?
… ßä wahr …əß
…sagen wo … ist
… sagen, wo … ist?

Ek wil graag … hê.
äck wəl chrahch … hä
ich will gerne … haben
Ich möchte …

Ek het … nodig.
äck hätt … nuədəch
ich habe … nötig
Ich brauche …

Ek soek
äck ßuk
ich suche …
Ich suche …

danken

Dankie.
danki
Danke.

Baie dankie.
baiə danki
Vielen Dank.

Dankie, ook so.
danki uək ßuə
Danke gleichfalls.

Baie dankie vir alles.
baiə danki fər alləß
Vielen Dank für alles.

🎵 **Dis baie vriendelik.**
daß baiə frindələk
Das ist sehr nett.

🎵 **Baie dankie vir u moeite/hulp.**
baiə danki fər ü muitə/höllp
Vielen Dank für Ihre Bemühungen/Hilfe.

Wünschen & Bedauern

Da gibt es auch auf Afrikaans so allerhand:

🎵 **Alles van die beste!**
alləß fanni bäßtə
alles von dem Besten
Alles Gute!

🎵 **Ook so!**
uək ßuə
auch so
Gleichfalls!

🎵 **Gou beter word!**
chou biətər wortßtährktə
schnell besser werden
Gute Besserung!

🎵 **Sterkte!**

Stärke
Viel Glück/Alles Gute!

🎵 **Veels geluk (met jou verjaardag)!**
fiəlß chəlöck (mätt jou fərjahrdach)
vieles Glück (mit deinem Geburtstag)
Herzlichen Glückwunsch (zum Geburtstag)!

🎵 **Geniet dit!**
chənit dət
genieße es
Viel Spaß!

🎵 **Geniet die aand.**
chənit di ahnt
genieße den Abend
Viel Spaß heute Abend.

🎵 **Geniet jou toer verder.**
chənit jou tuhr fährdər
genieße deine Tour weiter
Schöne Reise noch.

Ek wens jou/julle ... toe.
äck wëß jou/jöllə ... tu
ich wünsche dir/euch ... zu
Ich wünsche dir/euch ...

🎵 **Ek wens u baie sukses toe.**
äck wëß ü baiə ßöckßäß tu
ich wünsche Ihnen viel Erfolg zu
Ich wünsche Ihnen viel Erfolg.

🎵 **'n Geseënde Kersfees**
🎵 **en 'n voorspoedige Nuwe Jaar!**
ə chəßiəndə kährßfiəß änn ə fuərßpudəchə nüwəjahr
ein gesegnetes Kerzenfest
und ein erfolgreiches neues Jahr
Frohe Weihnachten und ein gutes Neues Jahr!

bedauern & entschuldigen

🎵 **Verskoon my, meneer/dame.**
fərßkuən mej məniər/dahmə
entschuldige mich mein Herr/Dame
Entschuldigen Sie bitte.

🎵 **Ekskuus tog!**
äckßküß toch
Verzeihung doch
Entschuldigung!

🎵 **Ek is jammer.**
äck əß jammər
ich bin Jammer
Es tut mir Leid.

Dit maak nie saak nie.
dət mahk ni ßahk ni
es macht nicht Sache nicht
Das macht nichts.

🎵 **Jammer!**
jammər
Jammer
Schade!

Ongelukkig nie.
öchəlöckəch ni
unglücklich nicht
Leider nicht.

🎵 **Dis verskriklik!**
dəß fərßkrəklək
es-ist schrecklich
Wie schrecklich!

Sies tog!
ßihß toch
pfui doch
Du Ärmste/r!

Zustimmen & Ablehnen

Das letzte Kapitel mit wichtigen Floskeln und Redewendungen. Erst einmal alles zum „zustimmen & loben":

ja	jah	ja
🎵 **Ja, graag.**	jah chrahch	Ja, gern.
🎵 **Met plesier.**	mätt pləßihr	Mit Vergnügen.
goed (goeie)	chut/chujə	gut
mooi	moi	schön
pragtig (-e)	prachtəch	wunderschön
uitstekend (-e)	öitßtiəkənt	hervorragend
🎵 **Dis reg.**	dəß räch	Das stimmt.
🎵 **Jy is reg.**	jej əß räch	Du hast Recht.

es-ist richtig
du bist richtig

🐾 **Ek hou daarvan.**   **Dis wonderlik!**
äck hou dahrfann   dəß wonnərlək
ich halte davon   *es-ist wunderbar*
Das gefällt mir.   Toll!

Aus einer Aussage   🐾 **In die haak.**   **Definitief/Presies/Natuurlik!**
kann man eine   ənni hahk   definitif/prəßihß/natührlək
Zustimmungsfrage   *in dem Haken*   *definitiv/präzise/natürlich*
machen, indem man   In Ordnung.   Bestimmt/Genau/Natürlich!
das Wörtchen nè
hinzufügt: 🐾 **Mooi dag vandag, nè?**
moi dach fəndach nä
Schöner Tag heute, nicht wahr?

Jy is mos Pieter, nè?
jej əß moss pitər nä
Du bist doch Peter, nicht wahr?

Wenn die Zustimmung nicht eindeutig ist:

miskien	məßkin	vielleicht
moontlik (-e)	muəntlək	möglich
waarskynlik (-e)	wahrßkejnlək	wahrscheinlich

🐾 **Ek weet nie.**   **Ek is nie seker nie.**
äck wiət ni   äck əß ni ßiəkər ni
ich weiß nicht   *ich bin nicht sicher nicht*
Ich weiß es nicht.   Ich bin nicht sicher.

🐾 **Ek dink so.**   **Ek hoop so.**
äck dənk ßuə   äck huəp ßuə
ich denke so   *ich hoffe so*
Ich glaube schon.   Ich hoffe es.

🔊 **Ek gee nie om nie.**　**Toe maar.**　**Orraait**
äck chiə ni omm ni　tu mahr　orraait
ich gebe nicht um nicht　*zu aber*　*all right*
Es ist mir egal.　Schon gut.　Okay.

ablehnen & beschweren

nee	niə	nein
🔊 **nee, dankie**	niə danki	nein, danke
glad nie	chlatt ni	gar nicht
sleg (-te)	ßläch	schlecht
lelik (-e)	liələk	hässlich
aaklig (-e)	ahkləch	scheußlich, ekelig
ontsettend (-e)	ontßättənt	entsetzlich

🔊 **Dis verkeerd.**　**Jy is verkeerd.**
dəß fərkiərt　jej əß fərkiərt
es-ist verkehrt　*du bist verkehrt*
Das stimmt nicht.　Du hast unrecht.

🔊 **Ek hou nie daarvan nie.**　**Definitief nie.**
äck hou ni dahrfann ni　definitif ni
ich halte nicht davon nicht　*definitiv nicht*
Das gefällt mir nicht.　Bestimmt nicht.

🔊 **In teendeel.**　**Onmoontlik.**
ən tiəndiəl　ommuəntlək
Im Gegenteil.　Unmöglich.

🔊 **Nooit!**　**Ek voel nie lus nie.**
noit　äck ful ni löss ni
niemals　*ich fühle nicht Lust nicht*
Vergiss es!　Ich habe keine Lust.

🔊 **Die stort/toilet werk nie.**
di ßtort/toilätt währk ni
die Dusche/Toilette arbeitet nicht
Die Dusche/Toilette funktioniert nicht.

🔊 **Die lamp is stukkend.**
di lammp əß ßtöckənt
die Lampe ist kaputt
Die Lampe ist kaputt.

🔊 **Daar makeer iets met die televisiestel.**
dahr məkiər ihtß mäddi tälləfißißtäll
da fehlt etwas mit dem Fersehapparat
Irgendwas stimmt mit dem Fernseher nicht.

🔊 **Die handdoeke makeer.**
di hanndukə məkiər
die Handtücher fehlen
Die Handtücher fehlen.

🔊 **Ek wil by die bestuurder gaan kla.**
äck wəl bej di bəßtührdər chahn klah
ich will bei dem Geschäftsführer gehen klagen
Ich möchte mich beim Geschäftsführer beschweren.

🔊 **Ek wil graag jou/u baas spreek.**
äck wəl chrahch jou/ü bahß ßpriək
ich will gerne deinen/Ihren Chef sprechen
Ich möchte Ihren Chef sprechen.

Das erste Gespräch

In den folgenden Beispielen kann das informelle jy / jou *(du / dein)* immer durch das höfliche u *(Sie)* ersetzt werden. Die Tätigkeitswörter ändern sich dadurch nicht.

Mit einem Smartphone können Sie sich die mit einem 🔊 *gekennzeichneten Sätze dieses Kapitels anhören.*

Name und Herkunft

Mit naam meint man im Afrikaans den Vornamen; der Nachname wird als van bezeichnet.

🔊 **Wat is jou naam?**
watt əß jou nahm
was ist dein Name
Wie heißt du?

My naam is Dirk.
mej nahm əß dərk
mein Name ist Dirk
Ich heiße Dirk.

🔊 **My van is Meyer.**
mej fann əß mejər
mein Von ist Meyer
Mein Nachname ist Meyer.

🔊 **Laat ek jou voorstel aan my vriend.**
laht äck jou fuərßtäll ahn mej frint
lass ich dich vorstellen an meinen Freund
Darf ich dich meinem Freund vorstellen?

🔊 **Aangename kennis.**
āchənahmə kännəß
angenehme Kenntnis
Freut mich.

🕊 Das erste Gespräch

🔊 **Watter nasionaliteit is jy?**
wattər naschonahlitejt əß jej
welche Nationalität bist du
Welche Staatsangehörigkeit hast du?

🔊 **Ek is Duits.**
äck əß döitß
ich bin Deutsch
Ich bin Deutsche/r.

🔊 **Ek is 'n Duitser/Oostenryker/Switser.**
äck əß ə döitßər/uəßtənrejkər/ßwətßər
ich bin ein Deutscher/Österreicher/Schweizer
Ich bin ein(-e) Deutsche(-r)/ ein(-e) Österreicher(-in)/ ein(-e) Schweizer(-in).

🔊 **Waarvandaan kom jy?**
wahrfanndahn komm jej
wo-von-dannen kommst du
Wo kommst du her?

🔊 **Ek kom van Berlyn/Wenen af.**
äck komm fann bərlejn/wiənə aff
ich komme von Berlin/Wien ab
Ich komme aus Berlin/Wien.

Alter und Familie

🔊 **Hoe oud is jy?**
hu out əß jej
Wie alt bist du?

Ek is twee en dertig jaar oud.
äck əß twiə änn dährtəch jahr out
Ich bin 32 Jahre alt.

🔊 **Is jy getroud?**
əß jej chətrout
bist du verheiratet
Bist du verheiratet?

Het jy enige kinders?
hätt jej iənəchə kənnərß
hast du irgendwelche Kinder
Hast du Kinder?

ongetroud (-e)	õchətrout	ledig
verloof (-de)	fərluəf	verlobt
getroud (-e)	chətrout	verheiratet
geskei (-de)	chəßkej	geschieden
weduwee (-s)	wiədəwiə	Witwe
wewenaar (-s)	wiəwənahr	Witwer
gesin (-ne)	chəßən	Familie
familie	fammili	Verwandschaft
ouers	ouərß	Eltern
skoonouers	ßkuənouərß	Schwiegereltern
pa, ma ('s)	pah, mah	Vater, Mutter
broer (-s)	bruhr	Bruder
suster (-s)	ßõßtər	Schwester
man (-s)	mann	Ehemann
vrou (-ens)	frou	Ehefrau
seun (-s)	ßöən	Sohn
dogter (-s)	dochtər	Tochter
kind (-ers)	kənt	Kind
kleinkind (-ers)	klejnkənt	Enkelkind
oupa, ouma ('s)	oupah, oumah	Opa, Oma
oom, tannie (-s)	uəm, tanni	Onkel, Tante
neef (-s)	niəf	Vetter, Neffe
niggie (-s)	nəchi	Kusine, Nichte
vriend (-e)	frint	(ein) Freund
maat (-s)	maht	Kamerad/-in
kêrel (-s)	kärrəl	„der" Freund
nooi (-ens)	noi	„die" Freundin

🔊 **Waar bly julle hier?**
wahr blej jöllə hihr
wo bleibt ihr hier
Wo wohnt ihr hier?

Ons bly in 'n hotel/by kennisse.
öß blej ən ə hutäll/bej kännəßə
wir bleiben in einem Hotel/bei Kenntnissen
Wir wohnen im Hotel/bei Bekannten.

Hoe lank is jy al in Suid-Afrika?
hu lank əß jej all ən ßöitahfrikah
Wie lange bist du schon in Südafrika?

Wat doen jy hier?
watt dun jej hihr
was tust du hier
Was machst du hier?

Ek is 'n toeris.
äck əß ə tuhrəß
ich bin ein Tourist
Ich bin Tourist(-in).

Ek is hier vir werk/sake.
äck əß hihr fər währk/ßahkə
ich bin hier für Arbeit/Sachen
Ich bin beruflich/geschäftlich hier.

Hoe hou jy van Namibië?
hu hou jej fann namməbiə
wie hältst du von Namibia
Wie gefällt dir Namibia?

Dis 'n pragtige land.
dəß ə prachtəchə lannt
es-ist ein prächtiges Land
Es ist ein wunderschönes Land.

Ek hou die meeste van die vriendelike mense.
äck hou di miəßtə fanni frindələkə mёßə
ich halte das meiste von den freundlichen Menschen
Mir gefällt vor allem die Freundlichkeit der Menschen.

Beruf

🔊 **Wat is jou beroep?**
watt əß jou bərup
was ist dein Beruf
Was bist du von Beruf?

Ek is 'n vertaler/tolk.
äck əß ə fərtahlər/tollk
ich bin ein Übersetzer/Dolmetscher
Ich bin Übersetzer(in)/Dolmetscher(in).

skolier (-e)	Schüler/-in	ßkulihr
student (-e)	Student/-in	ßtüdännt
fabriekswerker (-s)	Fabrikarbeiter/-in	fabrikßwährkər
kantoorwerker (-s)	Büroangestellte/-r	kantuərwährkər
amptenaar (-nare)	Beamte/-r	ammptənahr
vryskutwerker (-s)	Freiberufler/-in	frejßköttwährkər
ambagsman (-ne)	Handwerker	ammbachßmann
sakeman (sakelui)	Geschäftsmann (-l.)	ßahkəmann/ßahkəlöi
sakevrou (sakelui)	Geschäftsfrau (-leute)	ßahkəfrou/ßahkəlöi
dokter (-s)	Arzt/Ärztin	docktər
prokureur (-s)	Rechtsanwalt/-wältin	prockəröər
ingenieur (-s)	Ingenieur/-in	ənchənjöər
onderwyser (-s)	Lehrer/-in	onnərwejßər
joernalis (-te)	Journalist/-in	juhrnalləß
predikant (-e)	Pfarrer/-in	priədəkannt
kunstenaar (-s)	Künstler/-in	könnßtənahr
werktuigkundige (-s)	Mechaniker/-in	währktöichkönndəchə
boer (-e)	Bauer, landwirt	buhr
huisvrou (-e)	Hausfrau	höißfrou
pensioenaris (-se)	Rentner/-in	pēschunahrəß

Ek werk vir 'n maatskappy wat ... vervaardig/ bemark.
äck währk fər ə mahtskappej watt ... fərfahrdəch/ bə-
mark
Ich arbeite für eine Firma, die ... herstellt/ ver-
treibt.

Ek studeer Handel/Regte/Medies/ Natuurwetenskappe/Lettere.
äck ßtüdiər hannəl/rächtə/miədiß/
natührwiətənßkappə/lättərə
Ich studiere BWL/Jura/Medizin/
Naturwissenschaften/Literatur.

ßkuəl	**skool (skole)**	Schule
üniwährßitejt	**universiteit (-e)**	Universität
kanntuər	**kantoor (-tore)**	Büro
biəßəchejt	**besigheid (-hede)**	Geschäft, Unternehmen
fabrik	**fabriek (-e)**	Fabrik

Zu Gast sein

*Spirituosen als Mit-
bringsel können heikel
sein, da viele keinen
hochprozentigen
Alkohol trinken, aber
eine Flasche Wein zum
Essen wird fast immer
gern angenommen.*

Südafrikaner und Namibianer sind be-
kannt für ihre Gastfreundschaft. Einladun-
gen ins Restaurant sind kaum üblich, dafür
aber Einladungen nach Hause. Wie überall
freuen sich die Gastgeber über ein kleines
Gastgeschenk. Dafür eignen sich Spezialitä-
ten aus Europa (Marzipan, Schokolade o. ä.),
sowie Bildbände, Kalender und sonstige Mit-

bringsel von zu Hause. Eine wichtige und ge-
schätzte Geste, ist ein Dankesschreiben nach
dem Besuch: Eine Postkarte von unterwegs
oder ein Brief nach der Rückkehr nach Hause
aus Europa.

*Mit einem Smartphone kön-
nen Sie sich die mit einem
🎧 gekennzeichneten Sätze
dieses Kapitels anhören.*

Einladung

🎧 **Ons wil jou graag vir ete/koffie nooi.**
öß wəl jou chrahch fər iətə/koffi noi
wir wollen dich gern für Essen/Kaffee laden
Wir möchten dich zum Essen/Kaffee einla-
den.

🎧 **Dis baie gaaf.**   **Hoe laat moet ek kom?**
daß baiə chahf   hu laht mut äck komm
es-ist sehr nett   *wie spät muss ich kommen*
Das ist sehr nett.   Wann soll ich kommen?

🎧 **Ongelukkig kan ek nie kom nie.**
öchəlöckəch kann äck ni komm ni
leider kann ich nicht kommen nicht
Leider kann ich nicht kommen.

🎧 **Kom binne!**   **Gaan sit, asseblief.**
komm bənnə   chahn ßət assəblif
komm innen   *geh sitzen bitte*
Komm/-t herein!   Setz dich!/Setzt euch!

🎧 **Maak julle tuis.**
mahk jöllə töiß
macht euch Zuhause
Fühlt euch wie zu Hause.

🔊 **Ons het vir julle 'n ietsie saamgebring.**
õß hätt fər jöllə ə ihtßi ßahmchəbrəng
wir haben für euch ein etwas-chen mitgebracht
Wir haben euch eine Kleinigkeit mitgebracht.

🔊 **Wat van 'n koeldrank/'n drankie?**
watt fann ə kuldrank/ə dranki
was von einem kühl-Getränk/einem Getränkchen
Wie wär's mit einer Limonade/einem Drink?

🔊 **Is julle honger?**
əß jöllə hongər
seid ihr Hunger
Habt ihr Hunger?

Haus & Wohnung

huis (-e)	höiß	Haus
woonstel (-le)	wuənßtäll	Wohnung
tuin (-e)	töin	Garten
stoep (-e)	ßtup	Veranda
kombuis (-e)	kommböiß	Küche
kamer (-s)	kahmər	Zimmer
sitkamer (-s)	ßətkahmər	Wohnzimmer
eetkamer (-s)	iətkahmər	Esszimmer
badkamer (-s)	battkahmər	Badezimmer
slaapkamer (-s)	ßlahpkahmər	Schlafzimmer

🔊 **Smaaklike ete!**
ßmahkləkə iətə
schmackhaftes Essen
Guten Appetit!

🍴 **Gesondheid (in die rondheid)!**
chəßonnthejt (ənni ronnthejt)
Gesundheit (in der Rundheit)
Prost (allerseits)!

Kry vir jou.
krej fər jou
kriege für dich
Nimm dir.

🍴 **Sal jy nog 'n lamtjop neem?**
ßall jej noch ə lammtschopp niəm
wirst du noch ein Lammkotelett nehmen
Möchtest du noch ein Lammkotelett?

🍴 **Ja graag, asseblief.**
jah chrahch assəblif
Ja gern bitte.

🍴 **Nee dankie, ek het genoeg gehad.**
niə danki äck hätt chənuch chəhaht
Nein danke, ich habe genug gehabt.

🍴 **Ek neem graag van die pap.**
äck niəm chrahch fanni papp
ich nehme gern von dem Brei
Ich nehme gern etwas Maisbrei.

🍴 **Gee my asseblief die sous aan.**
chiə mej assəblif di ßouß ahn
gebe mir bitte die Soße an
Reich mir bitte die Soße.

🍴 **Die kos was baie lekker, dankie.**
di koss waß baiə läckər danki
die Kost war sehr lecker danke
Vielen Dank für das leckere Essen.

Abschied

🎵 **Ons moet nou loop.**
õß mut nou luəp
wir müssen jetzt laufen
Wir müssen jetzt gehen.

🎵 **Dit was lekker om hier te kuier.**
dət waß läckər omm hihr tə köiər
es war lecker um hier zu besuchen
Es war sehr schön bei euch.

🎵 **Baie dankie vir die uitnodiging/
julle gasvryheid.**
baiə danki fər di öitnuədəchəng/jöllə chassfrejhejt
Vielen Dank für die Einladung/
eure Gastfreundschaft.

Liebesgeflüster

Wer gerne im Urlaub turtelt oder sich wirklich einfach unsterblich verliebt, dem sei mit diesem Kapitel weitergeholfen.

vry (ge-)	frej	schmusen
soen (ge-)	ßun	küssen
liefde	lifdə	Liebe
vigs	fəchß	AIDS
minnaar (-s)	mənahr	Liebhaber
minnares (-se)	mənahrräss	Liebhaberin

Jy is oulik.
jej əß oulək
du bist nett
Du bist süß/sympathisch.

Ek hou van jou.
äck hou fann jou
ich halte von dir
Ich mag dich.

Ek is (baie) lief vir jou.
äck əß (baiə) lif fər jou
ich bin (sehr) lieb für dich
Ich liebe dich (sehr).

Jy het 'n mooi lyf.
jej hätt ə moi lejf
du hast ein schön Körper
Du bist schön.

Wil jy met my slaap?
wəl jej mätt mej ßlahp
willst du mit mir schlafen
Willst du mit mir schlafen?

Ek is op die pil.
äck əß oppi pəl
ich bin auf der Pille
Ich nehme die Pille.

Ek het 'n kondoom.
äck hätt ə konnduəm
ich habe ein Kondom
Ich habe Kondome dabei.

Jou plek of myne?
jou pläck off mejnə
dein Platz oder meiner
Zu dir oder zu mir?

Nie vandag nie.
ni fəndach ni
nicht von-Tag nicht
Heute nicht.

Los my uit!
loss mej öit
löse mich aus
Lass mich in Ruhe!

Folgende Ausdrücke sind sehr vulgär und sollten nicht verwendet werden. Sie dienen eher zur Entzifferung von Graffiti auf Bahnhofsklos als zum aktiven Gebrauch.

jags (-e)	jachß	geil
piel (-e)	pihl	Schwanz
ballas *wörtlich: Bälle*	ballaß	Eier
poes (-e)	puß	Fotze
tiet (-e)	tiht	Titte
gat (-te) *wörtlich: Loch*	chatt	Arsch
naai (ge-) *wörtlich: nähen*	naai	ficken
draad trek (ge-) *wörtlich: Draht ziehen*	draht träck	wichsen
hoer (-e)	huhr	Hure
moffie (-s)	moffi	Schwuler
lettie (-s)	lätti	Lesbe

Ausrufen & Schimpfen

Die kleinen spontanen Ausrufe gehören zur Seele einer Sprache. Sie geben auch Ihrem Afrikaans die nötige „Würze":

🎵 **o!**	uə	Ach so!
🎵 **my hene!**	mej hiənə	Meine Güte!
🎵 **oeps!, twak!**	upß, twack	Hoppla!, Quatsch!
🎵 **agge nee!**	achə niə	Ach nein!
🎵 **o gits!, haai!**	uə chətß, haai	Ach Mist!, He(da)!
🎵 **pas op!**	paß opp	Pass auf!
🎵 **eina!, sjoe!**	ejnah, schu	Aua!, Uh!
🎵 **is dit!**	əß dət	Sag bloß!

sjoe sagt man bei Hitze oder Kälte!

🎵 **Ek sal dit glo.**
äck ßall dət chluə
ich werde es glauben
Das glaube ich dir.

Jy jok.
jej jock
du schwindelst
Du machst Witze.

Jy is mal.
jej äß mall
du bist verrückt
Du spinnst.

Kak!
kack
Kacke
Scheiße!

Verdomp!
fərdommp
verdammt
Verdammt!

Da das Fluchen im Afrikaans viel verpönter ist als im Deutschen, haben diese Ausdrücke eine weitaus stärkere Wirkung als deren deutschen Übersetzungen vermuten lassen. Bitte Vorsicht!

Hou jou bek!
hou jou bäck
Halt's Maul!

Voertsek!
futßäck
Hau ab!

Wat de hel doen jy?
waddə häll dun jej
was zur Hölle tust du
Was zum Teufel machst du da?

© AndreasEdelmann@Fotolia.com

Vlieg in jou moer in!
flich ən jou muhr ən
fliege in deine Mutter in
Verpiss dich!

Jou dom ou!
jou domm ou
dich dummer Kerl
Du Idiot!

Jou bleddie teef!
jou bläddi tiəf
dich blutige Hündin
Du blöde Ziege!

Jou verdomde bliksem!
jou fərdommdə bləkßəm
dich verdammter Blitz
Du verdammter Arsch!

Unterwegs in der Stadt

Erst einmal angekommen, müssen Sie sich sicherlich in der neuen Umgebung orientieren und die eine oder ander Auskunft dazu einholen:

Watter besienswaardighede is daar hier?
wattər bəßinßwahrdəchhiədə əß dahr hihr
welche Sehenswürdigkeiten sind da hier
Welche Sehenswürdigkeiten gibt es hier?

Hoe kom ek by die kasteel?
hu komm äck bej di kaßtiəl
wie komme ich bei der Burg
Wie komme ich zur Burg?

Kan 'n mens soontoe stap?
kann ə mёß ßuəntu ßtapp
kann ein Mensch dorthin schreiten
Kann man zu Fuß gehen?

Wanneer maak die museum oop/toe?
wannər mahk di müßiöm uəp/tu
wann macht das Museum offen/zu
Wann öffnet/schließt das Museum?

Hoeveel is die toegangsgeld?
hufəl əß di tuchangßchällt
wie-viel ist das Zugangsgeld
Was kostet der Eintritt?

stad (stede), dorp (-e)	(Groß-)Stadt, Dorf	ßtatt/ßtiədə, dorp
middestad	Stadtmitte	məddəßtatt
voorstad (-stede)	Vorort	fuərßtatt
woonbuurt (-e)	Wohnviertel	wuənbührt
krotbuurt (-e)	Slum	krottbührt
straat (strate), plein (-e)	Straße, Platz	ßtraht, plejn
wandellaan (-lane)	Fußgängerstraße	wannəllahn
rylaan (-lane)	Autostraße	rejlahn
kruising (-s), hoek (-e)	Kreuzung, Ecke	kröißəng, huk
robot (-te)	Ampel	ruəbott
toeristeburo (-'s)	Touristeninfo	tuhrəßtəbühruə
inligting	Auskunft	əlləchtəng
straatkaart (-e)	Stadtplan	ßtrahtkahrt
bustoer (-e)	Busrundfahrt	bößtuhr
uitstappie (-s)	Ausflug	öitßtappi
gebou (-e), kerk (-e)	Gebäude, Kirche	chəbou, kährk
moskee (-s)	Moschee	moßkiə
stadsaal (-sale)	Stadtsaal Rathaus	ßtattßahl
museum (-s)	Museum	müßiöm
monument (-e)	Denkmal	monnümännt

Richtungshinweise

links	lənkß	links
regs	rächß	rechts
reguit aan	rächöitahn	geradeaus
terug	tröch	zurück

Stap/ry reguit aan tot by die volgende robot.
ßtapp/rej rächöitahn tott bej di follchəndə ruəbott
gehe/fahre gerade an bis bei dem folgenden Roboter
Gehen/Fahren Sie geradeaus bis zur nächsten
Ampel.

Draai links/regs by die derde (stop)straat.
draai lənkß/rächß bej di dährdə ßtoppßtraht
drehe links/rechts bei der dritten Stoppstraße
Biegen Sie in die 3. Querstraße
(mit Stopschild) links/rechts ein.

Aan die linkerkant/regterkant.
ahni lənkərkannt/rächtərkannt
an der linken-Kante/rechten-Kante
Auf der linken Seite/rechten Seite.

Teenoor die park.
tiənuər di park
gegenüber dem Park
Gegenüber dem Park.

Net voor/na Kerkplein.
nätt fuər/nah kährkplejn
nur vor/nach Kirchplatz
Kurz vor/nach Kerkplein.

Op die hoek van Loop- en Waalstraat.
oppi huk fann luəp änn wahlßtraht
auf der Ecke von Loop- und Waalstraße
An der Ecke von Loop- und Waalstraße.

mit öffentlichen Verkehrsmitteln

In den größeren Städten gibt es öffentliche
Busdienste, die die Innenstädte mit den
Außenbezirken verbinden. Fahrkarten kauft
man mit abgezähltem Geld beim Fahrer.
Sammelkarten und Fahrpläne sind bei der

Stadtverwaltung erhältlich. In den Ballungs-
räumen Kapstadt und Johannesburg verkeh-
ren auch Vorortszüge, die zu den Stoßzeiten
proppenvoll mit Pendlern sind.

Watter bus gaan Seepunt toe?
wattər böss chahn ßiəpönnt tu
Welcher Bus fährt nach Seepunt?

Waar is die naaste bushalte?
wahr əß di nahßtə bösshaltə
Wo ist die nächste Bushaltestelle?

Gaan hierdie bus na die dieretuin toe?
chahn hihri böss nah di dihrətöin tu
geht dieser Bus nach dem Tiergarten zu
Fährt dieser Bus zum Zoo?

Waar moet ek afklim?
wahr mut äck affkləm
wo muss ich abklettern
Wo muss ich aussteigen?

Hoeveel is die reisgeld?
hufəl əß di rejßchällt
wie-viel ist das Reisegeld
Was kostet die Fahrt?

Mag ek 'n busrooster kry?
mach äck ə bössruəßtər krej
darf ich einen Busfahrplan kriegen
Kann ich einen Busfahrplan bekommen?

mit dem Taxi

Taxis fahren nicht auf der Suche nach Kunden durch die Stadt, sondern müssen von den Taxiständen abgerufen oder telefonisch bestellt werden. Neben den herkömmlichen Taxis gibt es die sogenannten swart taxi's – eine preiswerte Alternative zu den normalen Taxis.

swart taxi's sind private Minibusse, die entlang den Haupteinfallstraßen auf Verlangen halten.

♪ Ek het 'n taxi nodig.
äckätt ə takßi nuədəch
ich habe ein Taxi nötig
Ich brauche ein Taxi.

♪ Waar is daar 'n taxistaanplek?
wahr əß dahr ə takßißtahnpläck
wo ist da ein Taxistehplatz
Wo gibt es einen Taxistand?

♪ Na die lughawe, asseblief.
nah di löchhahwə assəblif
nach dem Lufthafen bitte
Zum Flughafen, bitte.

♪ Hoeveel kos dit na die middestad?
hufəl koss dət nah di məddəßtatt
wie-viel kostet es nach der Mittestadt
Was kostet die Fahrt zur Stadtmitte?

♪ Hoe lank sal dit neem?
hu lank ßall dət niəm
wie lange wird es nehmen
Wie lange dauert es?

🎵 **Hou asseblief hier stil.**
hou assəblif hihr ßtəl
halte bitte hier still
Halten Sie bitte hier an.

🎵 **Hoeveel moet ek betaal?**
hufəl mut äck bətahl
wie-viel muss ich bezahlen
Was schulde ich Ihnen?

🎵 **Hou asseblief die kleingeld.**
hou assəblif di klejnchällt
halte bitte das Kleingeld
Behalten Sie das Kleingeld.

Unterwegs mit dem Zug

Zugreisen im südlichen Afrika ist eine preiswerte und bequeme, wenn auch relativ langsame Art sich fortzubewegen. Die Fahrt von Windhoek nach Johannesburg dauert zum Beispiel um die 45 Stunden. Weltberühmt ist der Bloutrein *(Blauer Zug),* der seine Gäste in absolutem Luxus und zu stattlichen Preisen von Pretoria nach Kapstadt und umgekehrt befördert. Er ist oft Monate im voraus ausgebucht. Auf der gleichen Strecke fährt wöchentlich auch der Premier Classe, der zu einem Siebtel des Preises komfortable Doppel- und Einzelabteile anbietet, Mahlzeiten inclusive. Der reguläre, täglich verkehrende Fern-

Als Alternative zur Eisenbahn bieten Busunternehmen wie Translux, Intercape Mainliner *und* Greyhound *Überlandverbindungen zwischen den größeren Städten an. Diese Fernbusse sind etwas teurer als der Zug, aber auch schneller.*

zug heißt Shosholoza meyl. Auch er verfügt über Duschen und einen Speisewagen. Abteile der ersten Klasse beherbergen zwei oder vier Fahrgäste, die der zweiten Klasse drei oder sechs. Bettwäsche ist im Fahrpreis nicht inbegriffen und muss bei der Reservierung oder direkt im Zug extra bezahlt werden. Wer auf ein Bett verzichten kann, reist besonders billig in der spartanischen dritten Klasse.

ßpuərnätt	**Spoornet**	Eisenbahn Südafrikas
ßtahßi	**stasie (-s)**	Bahnhof
trejn	**trein (-e)**	Zug
trejnruəßtər	**treinrooster (-s)**	Zugfahrplan, Kursbuch
kahrkji	**kaartjie (-s)**	Fahrkarte
bäddəchutkahrkji	**beddegoedkaartjie**	Bettkarte (f. Bettwäsche)
bəßpriək	**bespreek (-)**	reservieren
kupiə	**koepee (-s)**	kleines Abteil
kommpartəmännt	**kompartement (-e)**	großes Abteil
ßətpläck	**sitplek (-ke)**	Sitzplatz
ßlahbank	**slaapbank (-e)**	Bettplatz, Liegeplatz
niruəkər	**(nie-)roker**	(Nicht-)Raucher

Hoeveel kos 'n enkelkaartjie/retoerkaartjie Durban toe?
hufəl koss ə änkəlkahrkji/rətuhrkahrkji dörbann tu
wie-viel kostet eine einfache-Karte/Rückfahrkarte Durban zu
Wie viel kostet die einfache Fahrt/Hin- und Rückfahrt nach Durban?

꒷ Twee eersteklas/tweedeklas kaartjies, asseblief.

twiə iərßtəklass/twiədəklass kahrkjiß assəblif

zwei erste-Klasse/zweite-Klasse Karten bitte

Zwei Fahrkarten erster/zweiter Klasse, bitte.

Ek wil graag plek bespreek vir twee persone.

äck wəl chrahch pläck beßpriək fər twiə pərßuənə

ich will gerne Platz reservieren für zwei Personen

Ich möchte eine Platzreservierung für zwei Personen machen.

Kan ek 'n onderste/boonste slaapbank kry?

kann äck ə onnərßte/buənßtə ßlahbank krej

kann ich eine unterste/oberste Schlafbank kriegen

Kann ich einen Bettplatz unten/oben bekommen?

tas (-e), bagasie	Koffer, Gepäck	taß, bəchahßi
bagasiekantoor	Gepäckaufgabe	bəchahßikanntuər
kruier (-s)	Gepäckträger	kröiər
platform (-s)	Bahnsteig	plattforrəm
opklim (-ge-)	einsteigen	oppkləm
afklim, oorklim (-ge-)	aus-, umsteigen	affkləm, uərkləm
eetwa (-ens)	Speisewagen	iətwah

Van watter platform af vertrek die trein Nelspruit toe?

fann wattər plattforrəm aff fərträck di trejn nällßpröit tu

von welchem Bahnsteig ab fährt-ab der Zug Nelspruit zu

Von welchem Bahnsteig fährt der Zug nach Nelspruit ab?

Hoe laat arriveer die trein?
hu laht arrifiər di trejn
wie spät kommt-an der Zug
Um wie viel Uhr kommt der Zug an?

Is die trein vertraag?
əß di trejn fərtrahch
ist der Zug verzögert
Hat der Zug Verspätung?

Hierdie plek is vry/geneem.
hihri pläck əß frej/chəniəm
Dieser Platz ist frei/besetzt.

Mag ek die venster oopmaak/toemaak?
mach äck di fēßtər uəpmahk/tumahk
Darf ich das Fenster auf-/zumachen?

Hoe lank hou die trein op Keetmanshoop stil?
hu lank hou di trejn opp kiətmannßhuəp ßtəl
wie lange hält der Zug auf Keetmanshoop still
Wie lange hat der Zug in Keetmanshoop
Aufenthalt?

Unterwegs per Flugzeug

Die Suid-Afrikaanse Lugdiens (SAL)/South African Airways (SAA) bietet bei Langstreckenflügen günstige Anschlusstarife zu allen wichtigen Flughäfen im südlichen Afrika an. Buchbar in Reisebüros oder bei der Fluggesellschaft.

lughawe (-s)	Flughafen	löchhahwə
lugredery (-e)	Fluggesellschaft	löchriədərej
reisburo (-'s)	Reisebüro	rejßbühruə
vlug (-te), vlieg (ge-)	Flug, fliegen	flöch, flich
vliegtuig (-tuie)	Flugzeug	flichtöich
vliegkaartjie(-s)	Flugschein	flichkahrkji
passasier (-s)	Passagier	passəßihr
aan boord gaan	an Bord gehen	ahn buərt chahn
opstyg (-ge-), land (ge-)	starten, landen	oppßtejch, lannt

Ek wil graag my bespreking herbevestig/ verander/kanselleer.
äck wəl chrahch mej bəßpriəkəng hährbəfäßtəch/
fərannər/käßəliər
Ich möchte meine Reservierung rückbestätigen/ändern/stornieren.

By watter toonbank moet ek aanmeld vir die vlug na Windhoek?
bej wattər tuənbank mut äck ahmällt fər di flöch nah
wəntuk
bei welchem Schalter muss ich anmelden für den Flug nach Windhuk
Wo ist die Abfertigung (Check-in) für den Flug nach Windhuk?

Ek wil net een tas inweeg.
Dit is my handbagasie.
äck wəl nätt iən tass wiəch dət əß mej hanntbã̄chahßi
ich will nur eine Tasche einwiegen
es ist mein Handgepäck
Ich will nur einen Koffer aufgeben.
Das ist mein Handgepäck.

Unterwegs mit dem Auto

Die bequemste Art das südliche Afrika zu entdecken ist das Auto. Das Straßennetz ist weitverzweigt und in einem sehr guten Zustand, wobei ein großer Teil asphaltiert ist. In entlegenen Gebieten, vor allem in Namibia, wird man es auch mit Staub- und Schotterstraßen zu tun bekommen. Zum Fahren im südlichen Afrika ist ein internationaler Führerschein empfohlen.

hührmuətər, karr	**huurmotor (-s), kar (-re)**	Mietwagen, Auto
fihrbejfihr	**vier-by-vier (-e)**	Allradwagen
backi	**bakkie (-s)**	kleiner LKW
fihts, muətərfihts	**fiets, motorfiets (-e)**	Fahrrad, Motorrad
brommpuəni	**bromponie (-s)**	Moped
bəßtührdər	**bestuurder (-s)**	Fahrer
rejbəwejß	**rybewys (-e)**	Führerschein
fərßiəkərəng	**versekering (-s)**	Versicherung

♫ **Ek wil graag 'n motor huur.**
äck wəl chrahch ə muətər hühr
Ich möchte einen Wagen mieten.

♫ **Hoeveel kos dit per dag?**
hufəl koss dət pər dach
Wie viel kostet es pro Tag?

In Südafrika und Namibia herrscht Linksverkehr! Es gilt Anschnallpflicht und absolutes Alkoholverbot am Steuer. Das allgemeine

Tempolimit liegt bei 120 km/h auf Autobahnen und Fernstraßen, 100 km/h gilt auf Landstraßen und 50 bis 60 km/h innerorts.

pad (paaie)	patt	Landstraße
teerpad (-paaie)	tiərpatt	Teerstraße
grondpad (-paale)	chronntpatt	Schotterstraße
deurpad (-paaie)	döərpatt	Autobahn
padkaart (-e)	pattkahrt	Straßenkarte
brug (brûe)	bröch/bröə	Brücke
parkeerterrein (-e)	parkiərtərejn	Parkplatz
parkeerplek (-ke)	parkiərpläck	Parklücke
ryloop (-ge-)	rejluəp	trampen
ryloper (-s)	rejluəpər	Tramper

Mietwagen bucht man erheblich günstiger über Reiseveranstalter in Europa als direkt vor Ort, zumal die Veranstalterpreise meistens alle gefahrenen Kilometer, die Vollkaskoversicherung und die lokale Mehrwertsteuer bereits beinhalten. Hier lohnt sich ein Preis- und Leistungsvergleich.

🐾 **Ons het verdwaal.**
öß hätt fərdwahl
wir haben sich-verfahren
Wir haben uns verfahren.

🐾 **Is dit die regte pad Sesriem toe?**
əß dət di rächtə patt ßäßrim tu
ist es der rechte Pfad Sesriem zu
Ist das der Weg nach Sesriem?

🐾 **Wys vir my asseblief op die padkaart.**
wejß fər mej assəblif oppi pattkahrt
zeige für mich bitte auf der Straßenkarte
Zeigen Sie es mir bitte auf der Karte.

Hoe ver is dit?
hu fähr əß dət
wie weit ist es
Wie weit ist es?

Das Reisen per Autostopp ist weit verbreitet und in ländlichen Gegenden kann man ruhig mal jemanden mitnehmen:

Waarnatoe? **Kan ek saamry Keimoes toe?**
wahrnahtu kann äck ßahmrej kejmuß tu
wo-nach-zu kann ich mitfahren Keimoes zu
Wohin? Können Sie mich nach Keimoes mitnehmen?

Waar moet ons jou aflaai?
wahr mut öß jou afflaai
wo müssen wir dich abladen
Wo sollen wir dich absetzen?

Verkehrshinweise

padwerke, ompad	Baustelle, Umleitung
gesluit, oop	geschlossen, offen
slegs, aandag	nur, Achtung
waarskuwing	Warnung
stilhou verbode	Anhalten verboten
geen ingang	keine Durchfahrt
geen parkering	Parken verboten
spoedbeperking	Tempolimit
verminder spoed	Tempo reduzieren
hou links	links halten
gaan regs verby	rechts überholen

Tankstelle

In dünnbesiedelten Gegenden liegen die Tankstellen oft sehr weit auseinander, also rechtzeitig ans Volltanken denken!

🗨 Waar is die naaste vulstasie?
wahr əß di nahßtə föllßtahßi
wo ist die nächste Füllstation
Wo ist die nächste Tankstelle?

🗨 Maak hom vol, asseblief.
mahk homm foll assəblif
mache ihn voll bitte
Volltanken bitte.

🗨 Gaan asseblief die olie/water/bande na.
chahn assəblif di uəli/wahtər/bannə nah
gehe bitte dem Öl/Wasser/den Reifen nach
Prüfen Sie bitte den Ölstand/Wasserstand/
Reifendruck.

🗨 Maak asseblief die voorruit skoon.
mahk assəblif di fuəröit ßkuən
mache bitte die Vorderscheibe sauber
Putzen Sie bitte die Windschutzscheibe.

🗨 Hou die kleingeld.
hou di klejnchällt
halte das Kleingeld
Behalten Sie den Rest.

Panne		
domkrag (-te)	Wagenheber	dommkrach
sleeptou (-e)	Abschleppseil	ßliəptou
oorbrugkabel (-s)	Überbrückungskabel	uərbröchkahbəl
petrolkan (-ne)	Benzinkanister	pättrəlkann
gereedskap	Werkzeug	chəriətßkapp
stoot (ge-)	schieben	ßtuət

🎵 **Kan u my help?**
kann ü mej hällp
Können Sie mir helfen?

My motor sit vas.
mej muətər ßət fass
Mein Wagen sitzt fest.

🎵 **My petrol het opgeraak.**
mej pättrəl hätt oppchərahk
mein Benzin hat aufgeraten
Mir ist das Benzin ausgegangen.

🎵 **Ek het 'n pap wiel.**
äckätt ə papp wihl
ich habe ein schlappes Rad
Ich habe eine Reifenpanne.

🎵 **Die battery is pap.**
di battərej əß papp
die Batterie ist schlapp
Die Batterie ist leer.

🎵 **Die kar wil nie vat nie.**
di kar wəl ni fatt ni
die Karre will nicht fassen nicht
Der Motor springt nicht an.

🎵 **Die waaierband is stukkend.**
di waaiərbannt əß ßtöckənt
das Ventilatorband ist kaputt
Der Keilriemen ist kaputt.

🎵 **Dit werk nie (mooi nie).**
dət währk ni (moi ni)
es arbeitet nicht (schön nicht)
Es funktioniert nicht (richtig).

🎵 **Kan jy dit regmaak?**
kann jej dət rächmahk
kannst du es rechtmachen
Können Sie es reparieren?

🎵 **Hoe lank sal dit neem?**
hu lank ßall dət niəm
wie lange wird es nehmen
Wie lange wird es dauern?

werkswinkel (-s)	währkßwənkəl	Werkstatt	*wörtl.: Arbeitsladen*
onderdeel (-dele)	onnərdiəl	Ersatzteil	*wörtl.: Unterteil*
ratkas (-te)	rattkass	Getriebe	*wörtl.: Gangkasten*
koppelaar (-s)	koppəlahr	Kupplung	*wörtl.: Kuppler*
rem (-me)	rämm	Bremse	
vonkprop (-pe)	fonkpropp	Zündkerze	*wörtl.: Funkpfropfen*
vergasser (-s)	fərchassər	Vergaser	
skokbreker (-s)	ßkockbriəkər	Stoßdämpfer	*wörtl.: Schockbrecher*
koplig (-te)	koppləch	Scheinwerfer	*wörtl.: Kopflicht*
uitlaatpyp (-e)	öitlahtpejp	Auspuff	*wörtl.: Auslasspfeife*
buiteband (-e)	böitəbannt	Reifen	*wörtl.: Außenband*

Unfall

🎵 **Daar was 'n ongeluk.**
dahr waß ə ŏchəlöck
Es ist ein Unfall passiert.

🎵 **Iemand is (ernstig) beseer**
imannt əß (ährnßtəch) bəßiər
Jemand ist (ernsthaft) verletzt.

🔊 **Roep asseblief 'n dokter/'n ambulans/ die polisie.**
rup assəblif ə docktər/ə ammbüläß/di pulißi
Rufen Sie bitte einen Arzt/
einen Krankenwagen/die Polizei.

🔊 **Skryf asseblief jou naam en adres neer.**
ßkrejf assəblif jou nahm änn adräss niər
schreibe bitte deinen Namen und Adresse nieder
Schreiben Sie bitte Ihren Namen und Adresse
auf.

🔊 **Dis my skuld.**
dəß mej ßköllt
es-ist meine Schuld
Ich habe Schuld.

Dis jou skuld.
dəß jou ßköllt
es-ist deine Schuld
Sie haben Schuld.

🔊 **Dis nie my skuld nie.**
dəß ni mej ßköllt ni
es-ist nicht meine Schuld nicht
Ich habe keine Schuld.

© MH

Auf dem Lande

Das südliche Afrika fasziniert vor allem durch die Vielfalt seiner Landschaften, Pflanzen und Tiere. Ohne den Besuch eines Nationalparks wäre eine Reise durch Südafrika oder Namibia unvollständig. Wer die Gelegenheit hat, sollte sich auch einen Aufenthalt auf einer Farm nicht entgehen lassen.

baai (-e), berg (-e)	Bucht, Berg	baai, bährch
bos (-se), bosveld (-e)	Wald, Buschland	boss, bossfällt
bult (-e), dam (-me)	Hügel, Stausee	böllt, damm
drif (driwwe)	Furt	drəf
fontein (-e)	Quelle	fonntejn
kloof (klowe)	Schlucht	kluəf
kop (-pe), meer (mere)	Bergkuppe, (der) See	kopp, miər
nek (-ke), pan (-ne)	Bergpass, Trockensee	näck, pann
rivier (-e), see (seë)	Fluss(bett), (die) See	rəfihr, ßiə
spruit (-e), vallei (-e)	Bach, Tal	ßpröit, fallej
veld (-e), vlei (-e)	Grasland, Sumpfland	fällt, flej
woestyn (-e)	Wüste	wußtejn

im Nationalpark

nasionale park (-e)	Nationalpark	naschunahlə park
wildtuin (-e)	Wildschutzgebiet	wəltöin
voetslaanpad (-paaie)	Fußweg	futßlahnpatt
uitkykpunt (-e)	Aussichtspunkt	öitkejkpönnt
watergat (-gate)	Wasserloch	wahtərchatt
piekniekplek (-ke)	Picknickplatz	piknikpläck
verkyker (-s)	Feldstecher	fährkejkər

dihr, fuəl	**dier (-e), voël (-s)**	Tier, Vogel
fəß, ßlang	**vis (-se), slang (-e)**	Fisch, Schlange
chocha, plannt	**gogga (-s), plant (-e)**	Insekt, Pflanze
buəm, blomm	**boom (bome), blom (-me)**	Baum, Blume

Die begehrteste Beute unter Fotojägern sind die „Großen Fünf":

buffel (-s)	böffəl	Büffel
leeu (-s)	liu	Löwe
luiperd (-s)	löipərt	Leopard
olifant (-e)	uəlifannt	Elefant
renoster (-s)	rənoßtər	Nashorn

Antilope & Co

ahp	**aap (ape)**	Affe
bobbəjahn	**bobbejaan (-jane)**	Pavian
bonntkwacha	**bontkwagga (-s)**	Steppenzebra
chämmßbock	**gemsbok (-ke)**	Oryx
jachlöipərt	**jagluiperd (-s)**	Gepard
kammiəlpährt	**kameelperd (-e)**	Giraffe
kudu	**koedoe (-s)**	Kudu
roibock	**rooibok (-ke)**	Schwarzfersenantilope
ßiəkui	**seekoei (-e)**	Flusspferd
sprəngbock	**springbok (-ke)**	Springbock
tahrəntahl	**tarentaal (-tale)**	Perlhuhn
flackfark	**vlakvark (-e)**	Warzenschwein
vollßtröiß	**volstruis (-e)**	Vogelstrauß
wəldəbiəß	**wildebees (-te)**	Gnu

auf der Farm

op die platteland	auf dem Lande	oppi plattəlannt
boer (-e), plaas (plase)	Bauer, Farm	buhr, plahß
hoender (-s), hond (-e)	Huhn, Hund	hunər, honnt
kat (-te), perd (-e)	Katze, Pferd	katt, pährt
bees (-te), skaap (skape)	Rind, Schaf	biəß, ßkahp
vark (-e), oes (-te)	Schwein, Ernte	fark, uß
mielies, koring	Mais, Weizen	miliß, kuərəng

**Wanneer begin die reënseisoen /
droë seisoen by julle?**
wannər bəchən di riənßejßun / druə ßejßun bej jöllə
Wann beginnt die Regenzeit / Trockenzeit
bei euch?

Wetter

Es gibt unterschiedliche Auffassungen von
„Schönwetter": für den Mitteleuropäer ist es
der blaue afrikanische Himmel, für den Afri-
kaner ein heiß ersehnter Regenschauer ...

warm, baie warm	warm, heiß	warrəm, baiə warrəm
koel, koud (koue)	kühl, kalt	kul, kout/kouə
matig (-e), bedompig (-e)	mild, schwül	mahtəch, bədommpəch
helder, bewolk (-te)	heiter, bewölkt	hälldər, bəwollk,
mistig (-e), winderig (-e)	nebelig, windig	məßtəch, wəndərəch
reën (ge-), reën (-s)	regnen, Regen	riən, riən
son (-ne), maan (mane),	Sonne, Mond,	ßonn, mahn
hemel (-e), ster (-re)	Himmel, Stern	hiəməl, ßtähr
weervoorspelling	Wettervorhersage	wiərfuərßpälləng

Übernachten

🛏 **Hoe is die weer vandag?**
hu əß di wiər fəndach
Wie ist das Wetter heute?

🛏 **Die son skyn.**
di ßonn ßkejn
Die Sonne scheint.

🛏 **Dit gaan reën.**
dət chahn riən
Es wird regnen.

🛏 **Wat is die temperatuur vandag?**
watt əß di tämmpəratühr fəndach
was ist die Temperatur von-Tag
Wie viel Grad haben wir heute?

🛏 **Twintig grade celsius.**
twəntəch chrahdə ßällßiöß
zwanzig Grade Celsius
Zwanzig Grad Celsius.

Übernachten

Die großen Hotelketten bieten ermäßigte Hotelpässe für ihre überall im Lande verstreuten Häuser an, doch sind gerade die Einzelhotels oft viel reizvoller.

In Südafrika gibt es vom Luxushotel bis zum Zeltplatz viele Übernachtungsmöglichkeiten mit hohem Standard. In touristisch gut besuchten Regionen gibt es Privathäuser, die Zimmer mit Frühstück zur Verfügung stellen. Viele sind einer zentralen Reservierungsstelle angeschlossen. Die Rastlager der Tierparks bieten meist sowohl gut ausgestattete Campingplätze als auch Rundhütten für Selbstverpfleger an, die teils spartanisch, teils luxuriös eingerichtet sind. Außerhalb der größeren Ortschaften sind die Gästefarmen interessant, Privatfarmen, die im Nebenerwerb eine begrenzte Anzahl Gäste beherbergen.

akkommodasie	Unterkunft	ackommədahßi
gastehuis (-e)	Pension (Frühstücks-)	chaßtəhöiß
gasteplaas (-plase)	Gästefarm	chaßtəplahß
hotel (-le)	Hotel	hutäll
kampeerterrein (-e)	Campingplatz	kampiərtərejn
rondawel (-s)	Rundhütte	ronndahwəl
ruskamp (-e)	Rastlager	rößkamp
vakansieoord (-e)	Ferienort, -anlage	fakäßi-uərt

♫ Het julle nog kamers beskikbaar?
hätt jöllə noch kahmərß bəßkəkbahr
habt Ihr noch Zimmer verfügbar
Haben Sie noch Zimmer frei?

♫ Ons is vol bespreek.
öß əß foll bəßpriək
wir sind voll reserviert
Wir sind ausgebucht.

♫ Ek het 'n kamer bespreek.
äckätt ə kahmər bəßpriək
Ich habe ein Zimmer reserviert.

♫ Hoeveel kos dit per nag?
hufəl koss dət pər nach
Wie viel kostet es pro Nacht?

♫ Is ontbyt ingesluit?
əß ontbejt ĩchəßlöit
Ist das Frühstück inbegriffen?

Mit einem Smartphone können Sie sich die mit einem ♫ gekennzeichneten Sätze dieses Kapitels anhören.

Übernachten

In Namibia sind die Unterkünfte im Süden dünner gesät.

Mag ek die kamer sien?
mach äck di kahmər ßin
Darf ich das Zimmer sehen?

Ek wil 'n enkelkamer/dubbelkamer vir twee nagte hê.
äck wəl ə änkəlkahmər/döbbəlkahmər fər twiə nachtə hä
Ich will ein Einzel-/Doppelzimmer für zwei Nächte haben.

Ek hou nie daarvan nie.
äck hou ni dahrfann ni
ich halte nicht davon nicht
Es gefällt mir nicht.

Ek sal dit neem.
äck ßall dət niəm
ich werde es nehmen
Ich nehme es.

battkahmər	**badkamer (-s)**	Badezimmer
bätt	**bed (-dens)**	Bett
kommbährß	**kombers (-e)**	Bettdecke
bäddəchut	**beddegoed**	Bettwäsche
ßtort	**stort (-e)**	Dusche
chronntflur	**grondvloer (-e)**	Erdgeschoss
iərßtə flur	**eerste vloer (-e)**	1. Stock
hejßhack	**hysbak (-ke)**	Fahrstuhl
hannduk	**handdoek (-e)**	Handtuch
kössəng	**kussing (-s)**	Kissen
riəkənəng	**rekening (-s)**	Rechnung
ontfangß	**ontvangs**	Rezeption
ßlöətəl	**sleutel (-s)**	Schlüssel
wackərmahk	**wakkermaak (-ge-)**	wecken
kahmərdinß	**kamerdiens**	Zimmerservice

Und nun zum Rastlager und Zeltplatz:

🎵 Waar is die toilette /wasgeriewe/vullisblikke/kragpunte?
wahr aß di toilättə/waßchəriwə/fölläßblackə/
krachpönntə
Wo sind die Toiletten
/Waschräume/Mülltonnen/Steckdosen?

🎵 Waar kan ons die tent opslaan?
wahr kann öß di tännt oppßlahn
Wo können wir das Zelt aufstellen?

🎵 Kan ons die kombuis gebruik?
kann öß di kommböiß chəbröik
Können wir die Küche benutzen?

Essen & Trinken

Es gibt keine einheitliche südafrikanische Küche. Der Arbeitstag beginnt oft schon um 7 Uhr und entsprechend früh wird gefrühstückt: Maisbrei, Wurst oder Speck mit Eiern, Toast mit Butter und Marmelade sowie Kaffee oder Tee. Das Mittagessen ist eine leichte Mahlzeit, die zum Beispiel aus kaltem Fleisch, Salaten und frischem Obst besteht. Am frühen Abend wird die zweite Hauptmahlzeit, Fleisch oder Fisch, Reis und mehrere Gemüsearten, serviert. Danach gibt's einen Nachtisch und Kaffee. Zwischendurch und immer wenn Besuch auftaucht, wird Tee oder Kaffee mit Gebäck gereicht.

Noch vor dem Frühstück ist es üblich Kaffee und beskuit *(Zwieback) zu servieren.*

eet (geëet)	iət	essen
drink (ge-)	drənk	trinken
kos	koss	Kost, Essen
maaltyd (-tye)	mahltejt	Mahlzeit
ontbyt (-e)	ontbejt	Frühstück
middagete (-s)	mədachiətə	Mittagessen
aandete (-s)	ahntiətə	Abendessen

Frühstück

ə koppi koffi	**'n koppie koffie**	eine Tasse Kaffee
mätt/ßonnər mällk	**met/sonder melk**	mit/ohne Milch
ßöikər, ßapp	**suiker, sap**	Zucker, Saft
tiə, bəßköit	**tee, beskuit**	Tee, Zwieback
bottər, bruət	**botter, brood**	Butter, Brot
bruətrolləkji	**broodrolletjie (-s)**	Brötchen
ejər, chəbacktə ejərß	**eier (-s), gebakte eiers**	Ei, Spiegeleier
chrahnkoss, höənəng	**graankos, heuning**	Cornflakes, Honig
kahß, köfejt	**kaas, konfyt**	Käse, Marmelade
milipapp, ruhrejərß	**mieliepap, roereiers**	Maisbrei, Rühreier
ruəßtərbruət, ßpäck	**roosterbrood, spek**	Toast, Speck
worß	**wors**	Bratwurst

Spezialitäten

Einfluss aufs Frühstück hat in erster Linie der britische Geschmack. Viele traditionelle Gerichte dagegen basieren auf der Kochkunst der malaiischen Sklaven in der früheren holländischen Kapkolonie. Auch die burischen Voortrekkers (Pioniere) haben Spuren in der südafrikanischen Küche hinterlassen.

bobotie – Lammhackfleisch mit Curry	bubuəti
bredie (-s) – Ragouts mit Fleisch, Zwiebeln, Gemüse; als besondere Delikatesse gilt das waterblommetjie-bredie mit Seerosenstielen	briədi
blatjang – süßsaure dicke Obstsoße, die zu Fleisch serviert wird (Chutney)	blatjang
geelrys – Reis mit Rosinen und Gelbwurz	chiəlrejß
pampoenkoekies – Kürbispuffer	pammpunkukiß
potjiekos – auf offenem Feuer langsam gegarte Eintöpfe mit Fleisch + Kartoffeln	pojkjikoss
biltong – luftgetrocknete Fleischstreifen, ähnlich dem Schweizer Bündnerfleisch	bəltong
vrugterol(-le) – in Lagen getrocknetes und aufgerolltes Obstmus	fröchtəroll
beskuit – eine Art Zwieback, der in Kaffee oder Tee getunkt wird; besonders lecker ist karringmelkbeskuit aus Buttermilchteig	bəßköit
koeksister(-s) – fritiertes Gebäck, das in Sirup getaucht wird (sehr süß)	kukßəßtər
melktert – Zimttorte mit Milchfüllung	mällktährt
rooibostee – einheimischer, rotfarbener Tee, der heiß oder eisgekühlt sehr gut schmeckt	roiboßtiə

Sehr beliebt im südlichen Afrika ist das Grillen im Freien. Meist werden mehrere Fleischsorten gleichzeitig auf den Grill gelegt.

vleisbraai (-ge-) – grillen	vlejßbraai
lamtjop (-s) – Lammkotelett	lammtschopp
boerewors (-te) – würzige Bauernbratwurst	buhrəworß
sosatie (-s) – marinierter Curryfleischspieß	ßußahti
pap en sous – trockener Maisbrei, mit einer Tomaten-Zwiebel-Soße	papp änn ßouß

im Restaurant

assback	**asbak (-ke)**	Aschenbecher
bottəl	**bottel (-s)**	Flasche
förk, chlass/chlahßə	**vurk (-e), glas (-e)**	Gabel, Glas
liəpəl, mäss	**lepel (-s), mes (-se)**	Löffel, Messer
räßtourannt	**restourant (-e)**	Restaurant
ßərfätt, ßtul	**servet (-te), stoel (-e)**	Serviette, Stuhl
koppi, bort	**koppie (-s), bord (-e)**	Tasse, Teller
tahfəl	**tafel (-s)**	Tisch

♫ **'n Tafel vir twee, asseblief.**
ə tahfəl fər twiə assəblif
Einen Tisch für zwei Personen, bitte.

♫ **Kelner!**   ♫ **Kan ek die spyskaart/wynlys kry, asseblief?**
källnər   kann äck di ßpejßkahrt/wejnlejß krej assəblif
Herr Ober!/   *kann ich die Speisekarte/Weinliste kriegen bitte*
Fräulein!   Bitte bringen Sie die Speisekarte/Weinkarte.

♫ **Ek is honger/dors.**   **Ons is haastig.**
äck äß hongər/dorß   oß äß hahßtəch
ich bin Hunger/Durst   *wir sind hastig*
Ich habe Hunger / Durst.   Wir haben's eilig.

♫ **Wat beveel u aan?**
watt bəfiəl ü ahn
was befehlen Sie an
Was empfehlen Sie?

♫ **Ek sal die skaapboud neem.**
äck ßall di ßkahbout niəm
Ich nehme die Hammelkeule.

🍷 **As voorgereg die uiesop.**
ass fuərchəräch di öiəßopp
Als Vorspeise die Zwiebelsuppe.

🍷 **Kan ek die rekening kry, asseblief?**
kann äck di riəkənəng krej assəblif
Zahlen, bitte.

🍷 **Waar moet ons betaal?**
wahr mut öß bətahl
Wo müssen wir bezahlen?

🍷 **Het u die ete geniet?**
hätt ü di iətə chənit
haben Sie das Essen genossen
Hat's geschmeckt?

🍷 **Die kos was baie lekker, dankie.**
di koss wass baiə läckər danki
die Kost war sehr lecker danke
Sehr gut, danke.

roh & gedünstet

gebak (-te)	gebacken	chəback
gebraai (-de)	gebraten, gegrillt	chəbraai
gekook (-te)	gekocht	chəkuək
gerooster (-de)	geröstet, getoastet	chəruəßtər
gesmoor (-de)	geschmort	chəßmuər
gestoof (-de)	gedünstet	chəßtuəf
gestoom (-de)	gedämpft	chəßtuəm
rou, halfgaar	roh, englisch	rou, hallfchahr
medium, goed gaar	medium, gut durch	miədiöm, chut chahr

	Fleisch & Geflügel	
biəßflejß, iənt	**beesvleis, eend**	Rind, Ente
chäß, hamm	**gans, ham**	Gans, Schinken
hunər, kallfsflejß	**hoender, kalfsvleis**	Huhn, Kalb
kallkun, kouə flejß	**kalkoen, koue vleis**	Truthahn, Aufschnitt
lammßflejß, mahlflejß	**lamsvleis, maalvleis**	Lamm, Hackfleisch
ßkahpflejß, farkflejß	**skaapvleis, varkvleis**	Schaf, Schwein
flejß, wəlltßflejß	**vleis, wildsvleis**	Fleisch, Wild

	Fisch & Meerestiere	
chiəlbäck	**geelbek (-ke)**	Kaplachs
kriəf	**kreef (krewe)**	Languste
mossəl, ußtər,	**mossel (-s), oester (-s)**	Muschel, Auster
ßnuk, feß	**snoek (-e), vis (-se)**	Seehecht, Fisch

	Gemüse & Beilagen	
ahrtappəl	**aartappel (-s)**	Kartoffel
aßpährßi, biət	**aspersie (-s), beet (bete)**	Spargel, Beete
blommkuəl	**blomkool (-kole)**	Blumenkohl
buənkji	**boontjie (-s)**	Bohne
ejərfröch, ährkji	**eiervrug(-te), ertjie (-s)**	Aubergine, Erbse
chruntə	**groente (-s)**	Gemüse
chronntbuənkji	**grondboontjie (-s)**	Erdnuss
kommkommər	**komkommer(-s)**	Gurke
kuəl, mili	**kool (kole), mielie (-s)**	Kohl, Mais
pammpun	**pampoen (-e)**	Kürbis
pətatt	**patat (-s)**	Süßkartoffel
rəßi, rejß	**rissie (-s), rys**	Paprika, Reis
ßammpiun, ßkejfiß	**sampioen (-e), skyfies**	Pilz, Pommes frites
ßlaai, ßopp	**slaai (-e), sop (-pe)**	Salat, Suppe
ßpinahßi, tamahti	**spinasie, tamatie (-s)**	Spinat, Tomate
öi, wortəl	**ui (-e), wortel (-s)**	Zwiebel, Karotte

Obst

aarbei (-e), appel (-s)	Erdbeere, Apfel	ahrbej, appəl
appelkoos (-kose)	Aprikose	appəlkuaß
bessie (-s)	Beere	bässi
druif (druiwe)	Traube	dröif
kersie (-s), koejawel (-s)	Kirsche, Guave	kährßi, kujahwəl
lemoen (-e)	Apfelsine	ləmun
nartjie (-s), neut (-e)	Mandarine, Nuss	narkji, nöət
papaja (-s), peer (pere)	Papaya, Birne	papaja, piər
perske (-s), piesang(-s)	Pfirsich, Banane	pährßkə, pißang
pomelo (-'s)	Pampelmuse	pommiəlu
pruim (-e), pynappel (-s)	Pflaume, Ananas	pröim, pejnappəl
rosyntjie (-s)	Rosine	rußejnkji
spanspek (-ke)	Netzmelone	ßpäßpäck
suurlemoen(-e)	Zitrone	ßührləmun
turksvy (-e), vrug (-te)	Kaktusfeige, Frucht	törkßfej, fröch
waatlemoen(-e)	Wassermelone	wahtləmun

Nachspeisen & Süßigkeiten

koek (-e), koekie (-s)	Kuchen, Keks	kuk, kuki
lekker (-s)	Süßigkeit	läckər
nagereg (-te), poeding	Nachtisch, Pudding	nahchəräch, pudəng
roomys	Speiseeis	ruəmejß
sjokolade	Schokolade	schockulahdə
slagroom, tert (-e)	Schlagsahne, Torte	ßlachruəm, tährt
vla	Vanillesoße	flah

Die hervorragenden Kapweine runden jedes gute Essen ab. Nicht alle Restaurants sind für den Alkoholausschank lizenziert. Es ist dann jedoch möglich, seinen eigenen Wein mitzubringen. Alkoholische Getränke werden nur in drankwinkels (Getränkeläden) verkauft.

Getränke (siehe auch Seite 130)		
drank	**drank (-e)**	Getränk
wahtər, kuldrank	**water, koeldrank**	Wasser,.Limonade
bihr, wejn	**bier (-e), wyn (-e)**	Bier, Wein
druəch, ßut	**droog (droë), soet**	trocken, süß
fonkelwejn, mammpuhr	**vonkelwyn, mampoer**	Sekt, Schnaps
ßkiəmərkällki	**skemerkelkie (-s),**	Cocktail,

Einkaufen

Starre Ladenschlusszeiten gibt es im südlichen Afrika nicht. Die meisten Geschäfte haben montags bis freitags von 9 bis 17 Uhr geöffnet, samstags bis 13 Uhr. Große Einkaufszentren in den Vororten haben auch abends und sonntags geöffnet.

Geschäfte		
affdiələngßwənkəl	**afdelingswinkel (-s)**	Kaufhaus
backərej	**bakkery (-e)**	Bäckerei
drankwənkəl	**drankwinkel (-s)**	Getränkeladen
kaffiə	**kafee (-s)**	Gemischtwarenladen
ßüpərmark	**supermark (-te)**	Supermarkt
wənkəl	**winkel (-s)**	Laden
wənkəlßänntröm	**winkelsentrum (-s)**	Einkaufszentrum

🎵 **Het julle wegneem-etes?**

hätt jöllə wächniəm iətəß

habt ihr wegnehmen-Essen

Haben Sie Speisen zum Mitnehmen?

🔊 **Vis en skyfies, asseblief.**
fəß änn ßkejfiß assəblif
Fisch und Scheibchen bitte
Fisch und Pommes, bitte.

🔊 **'n Geroosterde kaas-en-tamatie-toebroodjie, asseblief.**
ə chəruəßtərdə kahß änn tamahti tubroikji assəblif
ein getoastetes Käse-und-Tomate-Zubrötchen bitte
Ein belegtes Brot (Sandwich) mit Käse und Tomate, gegrillt bitte.

koop (ge-)	kuəp	kaufen
verkoop (-)	fərkuəp	verkaufen
duur	dühr	teuer
goedkoop	chutkuəp	billig
prys (-e)	prejß	Preis
grootte (-s)	chruətə	Größe

🔊 **Hoeveel kos dit?**
hufəl koss dət
Wie viel kostet das?

🔊 **Gee my 'n kilogram / vyf stuk daarvan.**
chiə mej ə kiluchramm / fejf ßtöck dahrfann
Geben Sie mir ein Kilo / fünf Stück davon.

🔊 **Waar is die skoene-afdeling?**
wahr əß di ßkunə affdiələng
Wo ist die Schuhabteilung?

🔊 **Kan ek dit aanpas?**
kann äck dət ahmpass
Kann ich es anprobieren?

Das kafee, eine südafrikanische und namibianische Institution, die es auch in den kleinsten Orten gibt, hat nichts mit dem europäischen Café zu tun (das wäre ein koffiekroeg), sondern ist ein kleiner Laden, in dem man täglich von früh bis spät das Notwendigste kaufen kann: Milch, Brot, Zeitungen, Zeitschriften, Süßwaren, Zigaretten, Konserven, gekühlte Getränke, oft auch warme und kalte Speisen zum Mitnehmen.

Mit einem Smartphone können Sie sich die mit einem 🔊 gekennzeichneten Sätze dieses Kapitels anhören.

Einkaufen

Dis te nou/wyd.
dəß tə nou/wejt
Es ist zu eng/weit.

🔊 **Het u iets groters/goedkopers?**
hätt ü ihtß chruətərß/chutkuəpərß
Haben Sie etwas Größeres/Billigeres?

🔊 **Ek sal dit neem.**
äck ßall dət niəm
Ich werde es nehmen.

🔊 **Kan ek met 'n kredietkaart betaal?**
kann äck mätt ə krəditkahrt bətahl
Kann ich mit einer Kreditkarte bezahlen?

🔊 **Kry ek afslag vir kontant?**
krej äck affßlach fər konntannt
Bekomme ich eine Ermäßigung für Bargeld?

Kleidung		
baaikji, bluß	**baadjie (-s), bloes (-e)**	Jacke, Bluse
bruk, dass	**broek (-e), das (-se)**	Hose, Krawatte
chordəl, hämmp	**gordel (-s), hemp (-mde)**	Gürtel, Hemd
hut, jass	**hoed (-e), jas (-se)**	Hut, Mantel
kliərə, kouß	**klere, kous (-e)**	Kleider, Strumpf
pack, rock	**pak (-ke), rok (-ke)**	Anzug, Kleid
rommp, ßkun	**romp (-e), skoen (-e)**	Rock, Schuh
tröi	**trui (-e)**	Pullover

Kunsthandwerk	
diamannt	**diamant (-e)**	Diamant
iədəlßtiən	**edelsteen (-stene)**	Edelstein

goud, handewerk	Gold, Handarbeit	chout, hannəwärk
houtsnywerk	Holzschnitzerei	houtßnejwärk
silwer, erdewerk	Silber, Tonwaren	ßəlwər, ärrəwärk
krale	ethn. Perlenschmuck	krahlə
mandjie (-s)	Korb	mainkji
masker (-s), vel (-le)	Maske, Tierfell	masskər, fäll

Fotografieren

Die meisten Südafrikaner und Namibianer lassen sich gerne fotografieren, wenn sie vorher höflich gefragt werden.

🔊 **Mag ek foto's neem?**
mach äck futuß niəm
darf ich Fotos nehmen
Darf ich fotografieren?

🔊 **Mag ek 'n foto van u/jou neem?**
mach äck ə futu fann ü/jou niəm
darf ich ein Foto von Ihnen/dir nehmen
Darf ich Sie/dich fotografieren?

🔊 **Sal jy 'n foto van ons neem?**
ßall jej ə futu fann õß niəm
wirst du ein Foto von uns nehmen
Würden Sie ein Foto von uns machen?

🔊 **Druk net hier.**
dröck nätt hihr
drücke nur hier
Drücken Sie einfach hier.

🐍 **Ek soek film / batterye vir my kamera.**
äck ßuk fǝlǝm / battǝrejǝ fǝr mej kammǝra
Ich suche Film / Batterien für meine Kamera.

🐍 **Ek wil graag hierdie film laat ontwikkel.**
äck wǝl chrahch hiri fǝlǝm laht ontwǝckǝl
ich will gern diesen Film lassen entwickeln
Ich möchte diesen Film entwickeln lassen.

🐍 **Een afdruk elk.**
iǝn affdröck ällk
ein Abdruck jedes
Je einen Abzug.

Bank, Post, Telefon & Internet

Die südafrikanische Währung heißt rand (internationale Abkürzung: ZAR), die namibianische Namibië dollar (NAD); beide sind jeweils in 100 sent unterteilt. Es empfiehlt sich, erst nach der Ankunft am Flughafen zu wechseln, weil man dort den besseren Kurs bekommt.

Außer an Tankstellen werden fast überall Kreditkarten akzeptiert.

Reiseschecks in ausländischer Währung werden von allen Banken eingelöst je kleiner die Bank, desto höher die Gebühren.

bank (-e)	bank	Bank
banknoot (-note)	banknuǝt	Geldschein
geld	chällt	Geld
kleingeld	klejnchällt	Kleingeld
kredietkaart (-e)	krǝditkahrt	Kreditkarte
muntstuk (-ke)	mönntßtöck	Münze
reisigerstjek (-s)	rejßǝchǝrßtschäck	Reisescheck
tjek (-s)	tschäck	Scheck

🔊 **Ek wil graag honderd Euro /
Switserse franke wissel.**
äck wäl chrahch honnərt öəru/
ßwətßərßə frankə wəssəl
*ich will gern hundert Euro /
Schweizer Franken wechseln*
Ich möchte 100,- € / Sfr. umtauschen.

🔊 **Wat is die wisselkoers
(vir die Amerikaanse dollar)?**
watt əß di wəssəlkuhrß (fər di amerikäßə dollar)
was ist der Wechselkurs (für den amerikanischen Dollar)
Wie ist der Wechselkurs (für US-Dollar)?

🔊 **Ek wil graag hierdie (reisigers-)tjek wissel.**
äck wäl chrahch hiri (rejßəchərß-)tschäck wəssəl
ich will gern diesen (Reise-)Scheck wechseln
Ich möchte diesen (Reise-)Scheck einlösen.

🔊 **Kan u my kleingeld gee (vir twintig rand)?**
kann ü mej klejnchällt chiə (fər twəntəch rannt)
können Sie mir Kleingeld geben (für 20 Rand)
Können Sie mir (20 Rand) wechseln?

*Banken sind montags
bis freitags von 9 bis
15.30 Uhr geöffnet,
samstags bis 11 Uhr.
Mit Kreditkarte und
Geheimzahl kommt
man aber an den
Geldautomaten immer
zu Bargeld.*

Post

Viele Südafrikaner und Namibianer bekommen ihre Post nicht ins Haus geliefert, sondern holen sie selbst aus ihrem Postfach am Postamt. In diesen Fällen ist es natürlich überflüssig, auf einem Brief die Straße zu vermerken.

*Die meisten Postämter
haben montags
bis freitags von 8 bis
16.30 Uhr, samstags
bis 12 Uhr geöffnet.
Kleinere machen eine
Stunde Mittagspause
(13 – 14 Uhr).*

brief (briewe)	brif	Brief
briewebus (-se)	briwəböss	Briefkasten
koevert (-e)	kufährt	Umschlag
pakket (-te)	packätt	Paket
pakkie (-s)	packi	Päckchen
per lugpos	pər löchposs	mit Luftpost
posbus (-se)	possböss	Postfach
poskaart (-e)	posskahrt	Postkarte
poskantoor (-tore)	posskanntuər	Postamt
poste restante	poßtrəßtannt	postlagernd
seël (-s)	ßiəl	Briefmarke

🎵 **Hoeveel is die posgeld op 'n poskaart na Europa toe?**

hufəl əß di poss-chällt opp ə posskahrt nah öruəpah tu

wie-viel ist das Porto auf einer Postkarte nach Europa zu

Was kostet eine Postkarte nach Europa?

🎵 **Vyf negentigsent-seëls (en lugposstrokies), asseblief.**

fejf niəchəntəch-ßännt ßiəlß (änn löchposs-ßtruəkiß) assəblif

fünf 90-Cent-Siegel (und Luftpost-Streifchen) bitte

Fünf Briefmarken zu 90 Cent (und Luftpostaufkleber) bitte.

🎵 **Ek wil hierdie brief per spoedpos / aangetekende pos stuur.**

äck wəl hiri brif pər ßputposs/āchətiəkəndə poss ßtühr

ich will diesen Brief per Eilpost/angezeichnete Post schicken

Ich will diesen Brief per Eilpost/ Einschreiben schicken.

🎵 Ek wil graag 'n telegram stuur.
äck wəl chrahch ə tälləchramm ßtühr
ich will gern ein Telegramm schicken
Ich möchte ein Telegramm aufgeben.

Telefon und Internet

Auch in Südafrika gibt es immer mehr Kartentelefone. Es lohnt sich R 10,- in eine Telefonkarte zu investieren. Die internationale Vorwahl nach Deutschland lautet 0949, in die Schweiz 0941 und nach Österreich 0943.

Mobiltelefone sind in Südafrika weit verbreitet und können auch an den internationalen Flughäfen angemietet werden. Faxe und Emails können von den meisten Hotels und Gästehäusern gegen eine Gebühr gesendet werden. Internetcafés sind in den größeren Städten vorhanden

telefoon (-fone), faks (-e)	Telefon, Fax	tälləfuən, faks
telefoongids (-e)	Telefonbuch	tälləfuənchəts
telefoonhokkie (-s)	Telefonzelle	tälləfuənhokki
telefoonkaart (-e)	Telefonkarte	tälləfuənkahrt
telefoonnommer (-s)	Telefonnummer	tälləfuənnommər
selfoon (-fone)	Mobiltelefon	ßällfuən
selfoonkaart (-e)	Prepaid-Karte	ßällfuən-kahrt
internetkafee (-s)	Internetcáfe	əntərnätt-kaffiə
e-pos (-se)	Email	iəposs

Ek wil graag lugtyd vir my selfoon voorafbetaal.
äck wəl chrachch löchtejt fər mej ßällfuən fuəraffbətahl
ich will gern Luftzeit für mein Zellenfon vorabbe-zahlen
Ich möchte eine Prepaid-Karte für mein Mo-biltelefon kaufen.

Waar kan ek my e-posse aflaai / versend?
wahr kann äck mej iəpossə afflaai / fərßännt
wo kann ich meine e-Posten abladen / versenden
Wo kann ich meine E-mails abrufen / verschicken?

Hoeveel kos dit om die rekenaar vir 'n uur te gebruik?
hufel koss det omm di riekenahr fer e ühr te chebröik
wie-viel kostet es um den Rechner für eine Stunde zu gebrauchen
Was kostet die Nutzung des Computers pro Stunde?

Ek wil 'n plaaslike/hooflyn-/oorsese oproep maak.
äck wəl ə plahßləkə/huəßlejn-/uərßiəßə opprup mahk
ich will einen örtlichen/Hauptlinie-/überseeischen Anruf machen
Ich will ein Orts-/Fern-/Auslandsgespräch führen.

☎ Waar kan ek bel?
wahr kann äck bäll
wo kann ich läuten
Wo kann ich telefonieren?

🎵 **Watter kode moet ek skakel?**

wattər kuədə mut äck ßkahkəl

welchen Code muss ich schalten

Welche Vorwahl muss ich wählen?

🎵 **Hallo, dis Thomas wat praat.**

hallou dəß tuəmass watt praht

hallo es-ist Thomas was spricht

Hier Thomas.

🎵 **Met wie praat ek?**

mätt wi praht äck

mit wem spreche ich

Wer ist dran, bitte?

🎵 **Mag ek asseblief met Andries praat?**

mach äck assəblif mätt anndriß praht

darf ich bitte mit Andries sprechen

Ich möchte Andries sprechen.

🎵 **Bly asseblief aan.**   **Die lyn is beset.**

blej assəblif ahn   di lejn əß bəßätt

bleibe bitte an   *die Linie ist besetzt*

Bleiben Sie dran.   Die Leitung ist besetzt.

🎵 **Sal u asseblief 'n boodskap neem?**

ßall ü assəblif ə buətßkapp niəm

werden Sie bitte eine Botschaft nehmen

Können Sie ihm/ihr etwas ausrichten?

🎵 **Vra vir hom/haar om my terug te bel.**

frah fər homm/hahr omm mej tröch tə bäll

frage für ihn/sie um mich zurück zu läuten

Er/Sie möchte mich bitte zurückrufen.

Zoll & Polizei

Touristen aus Deutschland, der Schweiz und Österreich benötigen zur Zeit kein Visum für die Einreise nach Südafrika oder Namibia.

áßukforrəm	**aansoekvorm (-s)**	Antragsformular
bəammptə	**beampte (-s)**	Beamte/-r
bənnəkommß	**binnekoms**	Einreise
duahnə	**doeane**	Zoll
paßpuərtbəhiər	**paspoortbeheer**	Passkontrolle
fərblejfpərmət	**verblyfpermit (-te)**	Aufenthaltsgenehmigung
fərträck	**vertrek**	Ausreise
bəlaßtəngfrej	**belastingvry**	steuerfrei, zollfrei
chálldəch tott	**geldig tot**	gültig bis
əföll	**invul (-ge-)**	ausfüllen
tiəkən	**teken (ge-)**	unterschreiben
təjdələk	**tydelik (-e)**	befristet
öitchərejk döər	**uitgereik deur**	ausgestellt von
fərläng	**verleng (-)**	verlängern

🔊 **Hier is my paspoort.**
hihr əß mej paßpuərt
Hier ist mein Reisepass.

🔊 **Wat is die doel van u besoek?**
watt əß di dul fann ü bəßuk
Was ist der Zweck Ihres Besuches?

🔊 **Ek het niks om te verklaar nie.**
äckätt nəks omm tə fərklahr ni
ich habe nichts um zu erklären nicht
Ich habe nichts zu verzollen.

🖋 **Net persoonlike artikels.**
nätt pərßuənləkə artikəlß
nur persönliche Artikel
Nur persönliche Sachen.

Polizei

polisie	Polizei	pulißi
polisiekantoor (-tore)	Polizeiwache	pulißikanntuər
konstabel (-s)	Polizist/-in	kõßtahbəl
dwelms	Drogen	dwälləmß

🖋 **Ek het my paspoort verloor.**
äckätt mej paßpuərt fərluər
Ich habe meinen Reisepass verloren.

🖋 **Ek wil 'n aanklag indien.**
äck wəl ə āklach əndin
Ich will Anzeige erstatten.

🖋 **Ek is aangerand.**
äck əß āchərannt
Ich wurde überfallen.

🖋 **My tas/beursie is gesteel.**
mej tass/böərßi əß chəßtiəl
Meine Tasche/Geldbörse wurde gestohlen.

Gesundheit & Hygiene

Wegen Bilharzia-Verseuchung (Mikroparasiten) sollte man in den Seen und Flüssen Ost-Südafrikas und Nord-Namibias nicht schwimmen oder waten.

In Südafrika und Namibia können Nahrungsmittel und Leitungswasser bedenkenlos gegessen bzw. getrunken werden. Impfungen sind nicht vorgeschrieben, jedoch empfiehlt sich für Ost-Südafrika und Nord-Namibia eine Malaria-Prophylaxe. Entsprechende Medikamente sind rezeptfrei und preiswert in jeder Apotheke im südlichen Afrika erhältlich, und zwar auf das jeweilige Gebiet (Krügerpark, Zululand usw.) genau abgestimmt. Die Einnahme beginnt wenige Tage vor Einreise in das Malariagebiet und endet einige Wochen nach Ausreise. In hohem Gras schützt festes Schuhwerk vor Skorpion- und Schlangenbissen.

Mit einem Smartphone können Sie sich die mit einem 🔊 gekennzeichneten Sätze dieses Kapitels anhören.

Körperpflege

haarborsel (-s)	hahrborßəl	Haarbürste
kam (-mə)	kamm	Kamm
lemmetjie (-s)	lämməkji	Klinge
seep	ßiəp	Seife
sjampoe	schammpu	Schampoo
skeermes (-se)	ßkiərmäss	Rasierapparat
skeerroom	ßkiərruəm	Rasiercreme
sonbrandolie	ßonnbranntuəli	Sonnenöl
tampon (-s)	tammponn	Tampon
tandeborsel (-s)	tannəborßəl	Zahnbürste
tandepasta	tannəpaßta	Zahnpasta
vogroom	fochruəm	Hautcreme

Ek wil graag my hare laat (was en) sny.
äck wəl chrahch mej hahrə laht (wass änn) ßnej

ich will gern meine Haare lassen (waschen und) schneiden

Ich möchte meine Haare (waschen und) schneiden lassen.

Toilette

toilet (-te)	toilätt	Toilette
toiletpapier	toilättpapihr	Klopapier
dames	dahməß	Damen
here	hiərə	Herren

Ek moet toilet toe gaan.
äck mut toilätt tu chahn

ich muss Toilette zu gehen

Ich muss mal auf die Toilette.

Mag ek die toilet gebruik?
mach äck di toilätt chəbröik

darf ich die Toilette gebrauchen

Darf ich die Toilette benutzen?

In der Apotheke

Eine apteek ist eine Kombination aus Apo-theke und Drogerie. Auch Filme werden hier verkauft und entwickelt.

apteek (-teke)	Apotheke, Drogerie	apptiək
oogdruppels	Augentropfen	uəchdröppəlß
brandsalf	Brandsalbe	branntßallf

ontßmättəngßmøddəl	**ontsmettingsmiddel(-s)**	Desinfektionsmittel
plejßtər	**pleister (-s)**	Heftpflaster
hußmødəl	**hoesmiddel (-s)**	Hustenmittel
fuərßkrəf	**voorskrif (-te)**	Rezept
pejnßtələr	**pynstiller (-s)**	Schmerztablette

🔊 **Ek soek malariatablette vir die laeveld.**

äck ßuk məlahria-tablättə fər di lahəfällt

ich suche Malariatabletten für das niedrige-Feld

Ich möchte Malariatabletten fürs Tiefland (Provinz Mpumalanga).

🔊 **Ek soek iets teen keelseer/hoofpyn.**

äck ßuk ihtß tiən kiəlßiər/huəfpejn

ich suche etwas gegen Kehlewund/Hauptschmerz

Ich möchte etwas gegen Halsschmerzen/Kopfschmerzen.

Beim Arzt

Die medizinische Versorgung in Südafrika und Namibia ist von hohem Standard. Da europäische Krankenscheine nicht anerkannt werden, ist es ratsam eine Reisekrankenversicherung abzuschließen. Ärzte findet man im Telefonbuch unter der Rubrik mediese praktisyns.

docktər	**dokter (-s)**	Arzt
tanntarts	**tandarts (-e)**	Zahnarzt
miədißə ßäntröm	**mediese sentrum (-s)**	Poliklinik
hoßpitahl	**hospitaal (-tale)**	Krankenhaus
ammbüläß	**ambulans (-e)**	Krankenwagen

Ek is siek/beseer.
äck əß ßik/bəßiər
Ich bin krank/verletzt.

Wat makeer?
watt məkiər
Was fehlt (Ihnen)?

Ek voel nie lekker nie.
äck ful ni läckər ni
ich fühle nicht lecker nicht
Ich fühle mich nicht wohl.

Ek voel naar/duiselig.
äck ful nahr/döißələch
ich fühle übel/schwindlig
Mir ist schlecht/schwindlig.

Ek moet opgooi.
äck mut oppchoi
ich muss aufwerfen
Ich muss mich übergeben.

Ek kry koud/warm.
äck krej kout/warrəm
ich kriege kalt/warm
Mir ist kalt/heiß.

Dit is hier seer.
dət əß hihr ßiər
es ist hier wund
Es tut hier weh.

Ek het ...	äckätt	Ich habe ...
diarree	diariə	Durchfall
verkoue	fərkouə	Erkältung
koors	kuərß	Fieber
griep	chrip	Grippe
hoofpyn	huəfpejn	Kopfschmerzen
tandpyn	tanntpejn	Zahnschmerzen

🎵 **'n Slang het my gepik.**
ə ßlang hätt mej chəpək
eine Schlange hat mich gepiekst
Mich hat eine Schlange gebissen.

🎵 **Ek het my arm gebreek**
äckätt mej arrəm chəbriək
ich habe meinen Arm gebrochen
Ich habe mir den Arm gebrochen.

inenting (-s)	ənänntəng	Impfung
inspuiting (-s)	əßpöitəng	Spritze
medisyne (-)	mədəßejnə	Arznei
x-straal (-strale)	äksßtrahl	Röntgen

Körperteile

arrəm, biən	**arm (-s), been (bene)**	Arm, Bein/Knochen
blut, borß	**bloed, bors (-te)**	Blut, Brust
böik, hannt	**buik (-e), hand (-e)**	Bauch, Hand
hart, höəp	**hart (-e), heup (-e)**	Herz, Hüfte
kiəl, kni	**keel (kele), knie (-ë)**	Kehle/Hals, Knie
kopp, liəwər	**kop (-pe), lewer (-s)**	Kopf, Leber
long, mahch	**long (-e), maag (mae)**	Lunge, Magen
monnt, näck	**mond (-e), nek (-ke)**	Mund, Nacken/Hals
nöəß, nihr	**neus (-e), nier (-e)**	Nase, Niere
uəch, uər	**oog (oë), oor (ore)**	Auge, Ohr
röch, ßkouər	**rug (rûe), skouer (-s)**	Rücken, Schulter
ßpihr, tannt	**spier (-e), tand (-e)**	Muskel, Zahn
tong, fäll	**tong (-e), vel**	Zunge, Haut
fəngər, fut	**vinger (-s), voet (-e)**	Finger, Fuß

Kultur & Kurzweil

Eintrittskarten für Konzerte, Theater, Kino-vorstellungen, Sport und andere Veranstal-tungen in ganz Südafrika bekommt man be-quem bei „Computicket", einem zentralen Buchungsbüro (im Einkaufszentrum).

kuns en vermaak	Kunst und Unterhaltung	könnß änn fərmahk
konsert (-e)	Konzert	kößährt
teater (-s)	Theater	tiahtər
bioskoop (-skope)	Kino	biußkuəp
fliek (-e)	Kinofilm	flik
kaartjie (-s)	Eintrittskarte	kahrkji

Watter flieke word vanaand vertoon?
wattər flikə wort fənahnt fərtuən
welche Filme werden von-Abend gezeigt
Welche Filme laufen heute Abend?

Hoe laat begin die fliek?
hu laht bəchən di flik
wie spät beginnt der Film
Wie spät beginnt der Film?

Is daar nog kaartjies beskikbaar (vir môre se opvoering)?
əß dahr noch kahrkjiß bəßkəkbahr (fər morrə ßə oppfuhrəng)
sind da noch Kärtchen verfügbar (für morgen sei-ne Aufführung)
Gibt es noch Karten (für die morgige Vor-stellung)?

dəßkutiək	**diskoteek (-teke)**	Diskothek
kruch	**kroeg (kroeë)**	Kneipe, Bar
nachklöpp	**nagklub (-s)**	Nachtklub
partejkji	**partytjie (-s)**	Fete, Party
ə chrapp fərtäll	**'n grap vertel (-)**	einen Witz erzählen
joll	**jol (ge-)**	feiern, sich amüsieren
prätt hä	**pret hê (gehad)**	Spaß haben
ßnahks	**snaaks (-e)**	komisch, lustig
fərfiələch	**vervelig (-e)**	langweilig

🎵 **Voel jy lus om te dans?**
ful jej löss omm tə däß
fühlst du Lust um zu tanzen
Hast du Lust zu tanzen?

🎵 **Wat van (nog) 'n drankie?**
watt fann (noch) ə dranki
was von (noch) einem Getränkchen
Wie wär's mit (noch) einem Drink?

Wollen Sie gleich intimer anbändeln, finden Sie in dem Kapitel „Liebesgeflüster" noch mehr Beispielsätze.

© MH

Nichts verstanden? – Weiterlernen!

Obwohl das Interesse an der Sprache neuerdings spürbar zunimmt, sind Afrikaanssprachige noch nicht daran gewöhnt, dass Ausländer ihre Sprache sprechen wollen. Viele, vor allem in den großen Städten, schalten automatisch auf Englisch um, sobald sie einen fremdländischen Akzent hören. Wer Afrikaans üben will, kann dann fragen:

Mit einem Smartphone können Sie sich die mit einem  gekennzeichneten Sätze dieses Kapitels anhören.

 Is jy/u Afrikaans(-talig)?
æß jej/ü affrikáß(-tahləch)
Bist du / Sind Sie Afrikaans(-sprachig)?

Lautet die Antwort nee, kann man es am besten auf Englisch versuchen.

 Ek praat ongelukkig nie Engels nie.
äck praht öchəlöckəch ni ängəlß ni
ich spreche unglücklich nicht Englisch nicht
Ich spreche leider kein Englisch.

 Praat jy Duits?
praht jej döitß
sprichst du Deutsch
Sprichst du Deutsch?

Mit ein wenig Glück kann der/die Angesprochene sogar Deutsch.

 Ek praat net so 'n klein bietjie Afrikaans.
äck praht nätt ßu ə klejn bikji affrikáß
ich spreche nur so ein kleines bisschen Afrikaans
Ich spreche nur sehr wenig Afrikaans.

Praat asseblief stadig.
praht assəblif ßtahdəch
Sprich / Sprechen Sie bitte langsam.

Ek verstaan (nie).
äck fərßtahn (ni)
Ich verstehe (nicht).

Sal jy/u dit asseblief herhaal?
ßall jej/ü dət assəblif hährhahl
wirst du/Sie es bitte wiederholen
Könntest du / Könnten Sie das bitte wiederholen?

Die Mehrzahl der Afrikaanssprachigen ist recht stolz auf ihre Sprache und wird beim Weiterlernen gerne behilflich sein. Also fragen Sie einfach nach:

Ek wil graag Afrikaans leer praat.
äck wəl chrahch affrikäß liər praht
ich will gern Afrikaans lernen sprechen
Ich möchte gern Afrikaans lernen.

Wat beteken dit?
watt bətiəkən dət
was bedeutet es
Was bedeutet das?

Hoe noem 'n mens dit in Afrikaans?
hu num ə mëß dət ən affrikäß
wie nennt ein Mensch es in Afrikaans
Wie heißt das auf Afrikaans?

Nichts verstanden? – Weiterlernen!

🔊 Hoe spel 'n mens dit?
hu ßpäll ə mëß dət

wie buchstabiert ein Mensch es
Wie schreibt man das?

🔊 Hoe word dit uitgespreek?
hu wort dət öitchəßpriək

wie wird es ausgesprochen
Wie wird das ausgesprochen?

Sal jy/u dit asseblief neerskryf?
ßall jej/ü dət assəblif niərßkrejf

wirst du/Sie es bitte niederschreiben
Würdest du / Würden Sie das bitte auf-
schreiben?

Viele Afrikaanssprachige haben Deutsch in
der Schule gelernt. So kann man vielleicht fra-
gen:

Kan jy/u hierdie woord/sin in Duits vertaal?
kann jej/ü hiri wuərt/ßən ən döitß fərtahl

Kannst du / Können Sie dieses Wort/Satz ins
Deutsche übersetzen?

Die Verwandschaft zwischen Deutsch und
Afrikaans ist auffällig. Wenn Sie ein afrikaan-
ses Wort nicht wissen, sagen Sie es einfach
langsam und deutlich auf Deutsch. In vielen
Fällen wird Sie Ihr(e) Gesprächspartner(in)
ohne Mühe verstehen und das afrikaanse
Wort nennen. Und Sie haben eine Vokabel da-
zugelernt!

Literaturtipps

Es gibt zur Zeit keine Lehrbücher für Afrikaans in deutscher Sprache. Die ersten beiden Titel setzen also gute Englischkenntnisse voraus:

Diese Bücher und Schriften sind nicht über den Reise Know-How Verlag erhältlich. Bitte wenden Sie sich an Ihre Buchhandlung!

Colloquial Afrikaans, Bruce Donaldson. London: Routledge, 2000. – *Ein Anfängerkurs fürs Selbststudium, mit Begleitkassetten oder Audio-CD'S.*

Teach Yourself Afrikaans. Helena van Schalkwyk. Kapstadt: Struick Uitgewers, 1993. – *Ein praktischer Kurs für die Umgangssprache, leider ohne Tonträger. In Südafrika erhältlich.*

Kernwoordeboek van die Afrikaanse taal.
F. F. Odendaal. Kapstadt: Maskew Miller Longman, 2000. – *Ein einsprachiges Wörterbuch für Lernende, das den Grundwortschatz ausführlich mit praktischen Beispielsätzen erläutert.*

Woordeboek/Wörterbuch: Afrikaans-Duits, Deutsch-Afrikaans. G. P. J. Trümpelmann und E. Erbe. Kapstadt: Pharos Woordeboeke, 2004. – *Ein umfangreiches Handwörterbuch, das einzig verfügbare deutsch-afrikaanse Wörterbuch.*

Eine Bezugsquelle in Deutschland für dieses Wörterbuch sowie weitere afrikaanse Bücher und Musk-CD's ist Doringboom (Berlin). Internet-Adresse: www.suid-afrika.de

Wörterliste Deutsch – Afrikaans

*Falls ein Eigenschafts-
wort in einer gebeug-
ten Form vor Haupt-
wörtern erscheint,
wird diese Form in
Klammern angedeu-
tet:* hard (e).
*Die Tätigkeitswörter
stehen in der Grund-
form, die gleichzeitig
die Gegenwartsform
ist. Die Vergangen-
heitsform steht dahin-
ter:* drink (ge-).
*Rückbezügliche
Tätigkeitswörter
werden mit dem
Zusatz* sich *bzw.* jou
*(dich/dir)
gekennzeichnet:*
bekommer (-), jou.

Die Wörterlisten
enthalten rund 700
Begriffe. Nicht aufge-
nommen sind Zahlen,
Farben, Wochentage,
Monatsnamen, Spei-
sen, Getränke,
Autoteile usw. die in
den jeweiligen Kapitel-
listen stehen. Haupt-
wörter stehen in der
Einzahl; die Mehrzahl
steht in Klammern:
winkel (s).

A

abbiegen, drehen draai
 (ge-)
Abend aand (-e)
Abendessen aandete (-s)
aber maar
abschleppen sleep (ge-)
abschließen sluit (ge-)
Adresse adres (-se)
alle (jeder) almal
allein alleen
als as *(Vergleich);* toe
 (zeitl.)
alt oud (ou)

Alter ouderdom (-me)
an aan
angenehm lekker
Angst haben bang wees
 (is, was)
anhalten stilhou (-ge-)
anhören luister (ge-) na
ankommen aankom (-ge-)
Ankunft aankoms (-te)
anschauen kyk (ge-) na
anstatt in plaas van
Apotheke apteek (-teke)
Arbeit; arbeiten werk (-e);
 (ge-)
Arbeiter/in werker (-s)
Arzt dokter (-s)
auch ook
auf op
Aufenthalt verblyf (-blywe)
aufhören ophou (-ge-)
aufpassen oppas (-ge-)
aufstehen opstaan (-ge-)
aus uit
außerhalb buite
Ausfuhr; ausführen
 uitvoer; (-ge-)
Ausgang uitgang (-e)
ausgezeichnet puik
Auskunft inligting (-)
Ausland buiteland
Ausländer/in
 buitelander (-s)
aussteigen afklim (-ge-)
Ausstellung uitstalling (-s)
auswählen kies (ge-)
Auto kar (-re)
Autobahn deurpad (-paaie)

B

baden bad (ge-)
Badezimmer badkamer (-s)
Bahnhof stasie (-s)
bald binnekort
Bank bank (-e)
Bargeld kontant
Bauer boer (-e)
Bauernhof (Farm) plaas (plase)
Baum boom (bome)
bedeuten beteken (-)
beeilen, sich
  gou maak (ge-)
Behörde owerheid (-hede)
bei by
Beispiel, zum
  by voorbeeld (-e)
bekommen kry (ge-)
beliebt gewild (-e)
benachrichtigen
  laat (-) weet
benutzen gebruik (-)
Benzin petrol
bequem (komfortabel)
  gemaklik (-e)
beschädigen, beschädigt
  beskadig (-); (-de)
beschäftigt besig (-e)
beschweren, sich kla (ge-)
besichtigen besigtig (-)
Besitzer eienaar (-s)
besser (am besten)
  beter (die beste)
bestellen bestel (-)
Besuch; besuchen
  besoek (-e); (-)
besuchen, jmd.
  by iemand kuier (ge-),

betrunken dronk
Bett bed (-dens)
Bettwäsche beddegoed
bezahlen betaal (-)
Bild prent (-e)
billig goedkoop
bis tot
bisschen bietjie
bitte asseblief
bitter bitter
Blatt (Baum) blaar (blare)
Blatt (Papier) blad (blaaie)
bleiben bly (ge-)
Blume blom (-me)
bluten bloei (ge-)
Boot boot (bote)
Botschaft *(dipl.)* ambassade (-s)
Brand brand (-e)
Brauch (Gewohnheit)
  gewoonte (-s)
breit breed (breë)
brennen brand (ge-)
Brille bril (-le)
Brot brood (brode)
Brot, belegtes
  toebroodjie (-s)
Brücke brug (brûe)
Buch boek (-e)
buchen hoek (ge-)
Bus bus (-se)
Bushaltestelle
  bushalte

C

Chauffeur drywer (-s)

D

danke dankie

dann toe *(Vergangenheit)*;
  dan *(Zukunft)*
darum daarom
dasselbe dieselfde
dauern duur (ge-)
Decke, Bett- kombers (-e)
deshalb daarom
dick dik
Dieb/in dief (diewe)
diese/r hierdie
dolmetschen tolk (ge-)
Dolmetscher tolk (-e)
dort daar
dorthin soontoe
draußen buite
dringend dringend (-e)
drinnen hinne
dumm dom
Düne duin (-e)
dunkel donker
dünn dun
dürfen mag (mog)
durstig; Durst dors
Dusche; duschen
  stort (-e); (ge-)

E

Eigentum eiendom (-me)
eilig, in Eile haastig (-e)
einander mekaar
einbrechen inbreek (-ge-)
einfach maklik (-e) *(leicht)*;
  eenvoudig (-e) *(schlicht)*
Einfuhr; einführen
  invoer; (-ge-)
Eingang ingang (-e)
einige sommige
einkaufen gehen
  inkopies doen (ge-)

einladen uitnooi (-ge-)
Einladung uitnodiging (-s)
einmal eenkeer
einsteigen opklim (-ge-)
Eintrittskarte kaartjie (-s)
Eis (Speiseeis) roomys
Eis ys
Eiswürfel ysblokkie (-s)
Ende einde (-s)
eng nou
englisch Engels (-e)
entscheiden; Entscheidung
 besluit (-); (-e)
entspannen, sich
 ontspan (-)
Erfolg sukses (-se)
erinnern herinner (-)
erinnern, sich onthou (-)
erklären verduidelik (-)
erlauben toelaat (-ge-)
Ermäßigung afslag
erst (zuerst) eers (-te)
erzählen vertel (-)
es gibt daar is
essen eet (geëet)
Essen kos
etwas iets

F

Faden garing
fahren, reiten ry (ge-)
Fahrer drywer (-s)
Fahrkarte reiskaartjie (-s)
Fahrplan rooster (-s)
Fahrrad fiets (-e)
fallen val (ge-)
falsch verkeerd (-e)
Farbige/r Kleurling (-e)
faul lui

fehlen makeer (ge-)
Fehler fout (-e)
Feld veld (-e)
Fest fees (-te)
feucht vogtig (-e)
Feuer vuur (vure)
Film fliek (-e) *(Kino)*;
 film (-s) *(Foto)*
finden vind (ge-)
Fisch vis (-se)
flach vlak *(Wasser)*; plat
Fleisch vleis
fliegen vlieg (ge-)
Fluss rivier (-e)
Formular vorm (-s)
Fotoapparat kamera (-s)
fotografieren
 foto's neem (ge-)
Frage vraag (vrae)
fragen vra (ge-)
frei vry
Freibad swembad (-dens)
fremd vreemd (-e)
freuen, sich
 bly wees (is, was)
Freund vriend (-e)
freundlich vriendelik (-e);
 gaaf (gawe)
Freundschaft
 vriendskap (-pe)
frieren (körperlich)
 koud kry (ge-)
frisch (Obst) vars
froh sein bly wees (is, was)
fröhlich vrolik (-e)
Frucht vrug (-te)
früh vroeg (vroeë)
fühlen, sich voel (ge-)
Führer gids (-e)
Führerschein rybewys (-e)
für vir

G

ganz (völlig) heeltemal
Garn garing
Gas gas (-se)
Gast gas (-te)
Gastfreundschaft
 gasvryheid
geben gee (ge-)
Gebühr fooi (-e)
gefährlich gevaarlik (-e)
Gefängnis tronk (-e)
Gefühl gevoel (-ens)
gegen teen
Gegend streek (streke)
gegenüber teenoor
gehen gaan (ge-);
 loop (ge-)
gehören zu behoort (-) aan
Geld geld (-e)
Geldbeutel beursie (-s)
Gemüse groente (-s)
gemütlich gesellig (-e)
genau presies (-e)
genug genoeg
Gepäck bagasie
geradeaus reguit aan
gern graag
gern haben hou (ge-) van
Geruch ruik (-e)
geschehen gebeur (-)
Geschenk present (-e)
Geschmack
 smaak (smake)
Gesetz wet (-te)
Gespräch gesprek (-ke)
gesund gesond (-e)
Gewicht gewig (-te)
gewinnen wen (ge-)
Gewitter donderbui (-e)

Gewürz spesery (-e)
Gift gif (giwwe)
glauben glo (ge-)
Glück geluk
glücklich gelukkig (-e)
Gott God (gode)
Grasland veld (-e)
gratulieren
  gelukwens (-ge-)
Grenze grens (-e)
grenzen grens (ge-)
grillen braai (ge-)
groß groot
Gruppe groep (-e)
grüßen groet (ge-)
Gruß groet (-e)
gut goed (goeie)

H

haben hê (het, gehad)
Hafen hawe (-ns)
Hallenbad
  swembad (-dens)
halten hou (ge-)
Haltestelle halte (-s)
hart hard (-e)
hässlich lelik (-e)
Haus huis (-e)
heben (aufheben)
  optel (-ge-)
heiß baie warm
helfen help (ge-)
hell helder
heute vandag
hier hier
Hilfe hulp
hinten; hinter agter
hoch hoog (hoë)
hoffen hoop (ge-)

holen gehen/kommen
  haal, gaan/kom (-)
hören hoor (ge-)
hungrig; Hunger honger

I

immer altyd
in in (örtl.); oor (zeitl.)
innerhalb binne
Insekt gogga (-s)
Insel eiland (-e)
interessieren für, sich
  belangstel (-ge-) in

J

Jahr jaar (jare)
jede/r elke
jemals ooit
jemand iemand
jene/r daardie
jetzt nou
jung jonk (jong)

K

Kaffee koffie
kalt koud (koue)
kaputt stukkend (-e)
Karte (Land-) kaart (-e)
Karte (Ticket) kaartjie (-s)
Käse kaas
kaufen koop (ge-)
kein/e nie ('n) ... nie
kennen ken (ge-)
Kino bioskoop (-skope)
Kirche kerk (-e)
Kleider klere
klein klein

Kneipe kroeg (kroeë)
kochen kook (ge-)
kommen kom (ge-)
Kondom kondoom (-dome)
können kan (kon)
Konsulat konsulaat (-late)
Konzert konsert (-e)
Körper lyf (lywe)
kosten kos (ge-) (Preis);
  proe (ge-) (probieren)
krank siek
Krankenhaus
  hospitaal (-tale)
Krankheit siekte (-s)
Krankheit behandeln
  behandel (-)
Küche kombuis (-e)
kühl koel
Kühlschrank yskas (-te)
Kultur kultuur (-ture)
Kunst kuns (-te)
kurz kort
Kuss soen (-e)
küssen soen (ge)

L

lachen über lag (ge-) oor
Laken laken (-s)
Landschaft landskap (-pe)
lang lank (lang)
langsam stadig (-e)
lassen laat (ge-)
laufen loop (ge-)
laut hard (-e)
leben leef (ge-)
Leben lewe (-ns)
Lebensmittel
  kruideniersware
Leder leer

legen neersit (-ge-)
lehren leer (ge-)
leicht (Gewicht) lig (-te)
leihen, sich leen (ge-)
lernen leer (ge-)
lesen lees (ge-)
letze/r laaste
Leute mense
Licht lig (-te)
lieben
liefhê (het lief, -gehad)
lieber haben verkies (-)
Lied liedjie (-s)
liegen lê (ge-)
links links
Luft lug
lügen lieg (ge-)

M

machen maak (ge-)
malaiisch (kap-)
Maleis (-e)
malen skilder (ge-)
Maler skilder (-s)
man 'n mens
manchmal soms
männlich manlik (-e)
Medikament medisyne (-)
mehr (am meisten)
meer (die meeste)
mein/e my
mieten huur (ge-)
Mine (Bergwerk) myn (-e)
Mischling bruinmens (-e);
Kleurling (-e)
mit met
Mitte, Mittel middel (-s)
mögen hou (ge-) van
möglich moontlik (-e)

morgen môre
Moschee moskee (-s)
Motor enjin (-s)
müde moeg (moeë)
müssen moet (moes)

N

nach oor *(zeitl.)*;
na *(... toe) (örtl.)*
nah (näher/nächste) naby
(nader/naaste)
nass nat
Natur natuur
natürlich natuurlik (-e)
neben langs
nehmen neem (ge-);
vat (ge-) *(fassen)*
nervös senuweeagtig (-e)
nett gaaf (gawe)
neu nuut (nuwe)
nicht nie (... nie)
nichts niks (... nie)
niemals nooit (... nie)
niemand niemand (... nie)
noch nog
noch einmal weer 'n keer
nötig nodig (-e)
nur net

O

ob of
oder of
öffentlich openbaar (-bare)
öffnen oopmaak (-ge-)
oft dikwels
ohne sonder
Öl olie
Ort plek (-ke)

P

parken parkeer (ge-)
Patient pasiënt (-e)
Pension (Gasthof)
gastehuis (-e)
Pflanze plant (-e)
Platz plek (-ke)
plaudern gesels (-)
plötzlich skielik (-e)
Preis prys (-e)
pünktlich betyds

Q

Qualität kwaliteit (-e)
Quittung kwitansie (-s)

R

Rad wiel (-e)
Radio(gerät) radio (-'s)
Rauch rook (-)
rauchen rook (ge-)
rechnen reken (ge-)
Rechnung rekening (-s)
Recht reg (-te)
rechts regs
reden gesels (-)
Region streek (streke)
reich ryk
reif ryp
Reise reis (-e)
reisen reis (ge-)
Reisebüro reisburo (-'s)
Reiseführer gids (-e)
Reiseproviant padkos
reiten ry (ge-)
Religion godsdiens (-te)
rennen hardloop (ge-)

reparieren regmaak (-ge-)
reservieren bespreek (-)
Reservierung
  bespreking (-s)
Richtung rigting (-s);
  kant (-e)
riechen ruik (ge-)
roh rou
Rückreise terugreis (-e)
Rucksack rugsak (-ke)
rufen roep (ge-)
ruhig rustig (-e)

S

Saft sap (-pe)
sagen sê (ge-)
Salz, salzig; salzen
  sout; (ge-)
satt versadig (-de)
sauber skoon
sauber machen
  skoonmaak (-ge-)
sauer suur
schade jammer
scharf skerp
schicken stuur (ge-)
schießen skiet (ge-)
Schiff skip (skepe)
schlafen slaap (ge-)
Schlafsack slaapsak (-ke)
schlagen slaan (ge-)
Schlange slang (-e)
schlecht sleg (-te)
schließen sluit (ge-)
Schloss, Tür- slot (-te)
Schlüssel sleutel (-s)
schmecken smaak (ge-)
Schmerz pyn (-e)
schmerzen pyn (ge-)
schmerzhaft seer

schmutzig vuil
schnell vinnig (-e)
schön mooi
schreiben skryf (ge-)
schreien skreeu (ge-)
schwach swak
schwanger swanger
Schwarze/r swartmens (-e)
schwer (Gewicht) swaar
schwierig moeilik (-e)
See (Meer) see (seë)
sehen sien (ge-)
Sehenswürdigkeit
  besienswaardigheid
  (-hede)
sehr baie
seicht vlak
Seife seep
sein (ist, war)
  wees (is, was)
seit sedert
Seite kant (-e)
selbst self
selten selde
senden stuur (ge-)
setzen, sich sit (ge-)
sicher seker *(gewiss)*;
  veilig (-e) *(gefahrlos)*
singen sing (ge-)
sitzen sit (ge-)
sofort dadelik
sollen, sollten
  behoort (-) te ...
Sonne son (-ne)
Sorgen machen, sich
  jou bekommer (-)
so wie soos
spät laat
spazieren gehen
  gaan (-) stap
Speisekarte spyskaart (-e)

Spiel spel (spele)
spielen speel (ge-)
Sprache taal (tale)
sprechen praat (ge-)
stark sterk
stehen staan (ge-)
stehlen steel (ge-)
Stein klip (-pe)
stellen neersit (-ge-)
sterben doodgaan (-ge-)
stören steur (ge-)
stornieren kanselleer (ge-)
Strafe (Geld-) boete (-s)
Streichholz vuurhoutjie (-s)
Stück stuk (-ke)
suchen soek (ge-)
Summe bedrag (-drae)
süß soet

T

täglich daagliks (-e)
Tal vallei (-e)
Tanz dans (-e)
tanzen dans (ge-)
Tasche sak (-ke)
Taschenlampe flits (-e)
Teil deel (dele)
teilen deel (ge-)
teilnehmen deelneem (-ge-)
telefonieren bel (ge-)
teuer duur
tief diep
Tisch tafel (-s)
Tod dood
tot dood (dooie)
töten doodmaak (-ge-)
träge lui
tragen dra (ge-)
treffen (begegnen)
  ontmoet (-)

trinken drink (ge-)
Trinkgeld fooitjie (-s)
trocken droog (droë)
tun doen (ge-)
Tür deur (-e)
Turm toring (-s)
Tüte sak (-ke)

U

über oor
überall orals
übersetzen (Wort)
  vertaal (-)
übrig oor (orige)
Uhr (Armband-)
  oorlosie (-s)
um (zu …) om (te …)
Umgebung omgewing (-s)
umsteigen oorklim (-ge-)
Umwelt omgewing (-s)
und en
ungefähr omtrent
Ungeziefer gogga (-s)
unten; unter onder
Unterkunft akkommodasie
unterschreiben teken (ge-)
Urlaub vakansie (-s)
Ursache rede (-s)

V

verabreden, sich
  'n afspraak maak (ge-)
verboten verbode
Verbrechen
  misdaad (-dade)
vergessen vergeet (-)
verheiratet getroud (-e)
verirren, sich verdwaal (-)
verlassen verlaat (-)

verletzen beseer (-de)
verlieben in, sich
  verlief raak (ge-) op
vermieten verhuur (-)
verpassen (Zug) mis (ge-)
verspätet vertraag (-de)
verstehen verstaan (-)
versuchen probeer (ge-)
verzögern vertraag (-)
viel baie
vielleicht miskien
Vogel voël (-s)
voll vol
von van
vor; vorne voor

W

wählen kies (ge-)
während terwyl
  (+ Nebensatz); gedurende
  (+ Hauptwort)
wahrscheinlich
  waarskynlik (-e)
Wald bos (-se)
Waren goedere
warten wag (ge-)
was wat
waschen, sich jou was (ge-)
Wäscherei wassery (-e)
Wasser water (-s)
wegen omrede van
weich sag (-te)
weil omdat
weinen huil (ge-)
Weiße/r blanke (-s)
weit wyd (wye) *(breit);*
  ver *(fern)*
Welt wêreld (-e)
wenig min
wenn (falls) as

werden (Vollverb)
  word (ge-)
wichtig belangrik (-e)
wie soos
wieder weer
wiederholen herhaal (-)
wissen weet (ge-)
wohnen woon (ge-)
Wohnung woonstel (-le)
wollen wil (wou)
Wörterbuch
  woordeboek (-e)
wund seer
Wunde wond (-e)
Wunsch wens (-e)
wünschen wens (ge-)
Wüste woestyn (-e)

Z

Zahnarzt tandarts (-e)
zeigen wys (ge-)
Zelt tent (-e)
ziehen trek (ge-)
Zimmer kamer (-s)
Zoll doeane
zu *(+ Eigenschaft)* te
Zucker suiker
zufrieden tevrede
zumachen toemaak (-ge-)
zurück terug
zustimmen
  saamstem (-ge-)
zwischen tussen

Wörterliste Afrikaans – Deutsch

A

aanbeveel (-) empfehlen
aand (-e) Abend
aandete (-s) Abendessen
aankom (-ge-) ankommen
aankoms (-te) Ankunft
aantrek (-ge-), jou
 sich anziehen
aanvaar (-) akzeptieren
adres (-se) Adresse
afklim (-ge-) aussteigen
Afrikaner (-s) Bure
afslag Ermäßigung
afspraak maak (ge-), 'n
 sich verabreden
agter hinten; hinter
akkommodasie Unterkunft
al schon
albei beide
alleen allein
alles alles
almal alle (jeder)
altyd immer
ambassade (-s) (dipl.) Botschaft
ander andere/r
antwoord (-e); (ge-) Antwort;
 antworten
apteek (-teke) Apotheke
arm arm
as als *(Vergleich);* wenn,
 falls
asseblief bitte
astrant (-e)
 frech (unhöflich)

B

baas (base) Chef
baba (-s) Baby
bad (ge-); (-dens) baden;
 Bad
badkamer (-s) Badezimmer
bagasie Gepäck
baie viel; sehr
baklei (ge-) kämpfen
bang wees (is, was)
 Angst haben
bank (-e) Bank
bed (-dens) Bett
beddegoed Bettwäsche
bedrag (-drae) Summe,
 Betrag
begin (-) Anfang; anfangen
behandel (-) behandeln
behoort (-) aan gehören zu
behoort (-) te ... sollen,
bekend (-e) berühmt,
 bekannt
bekommer (-), jou
 sich Sorgen machen
bel (ge-) telefonieren
belangrik (-e) wichtig
belangstel (-ge-) in
 sich interessieren für
belasting (-s)
 (Mehrwert-)Steuer
belowe (-) versprechen
berg (-e) Berg
beroep (-e) Beruf
beseer (-de); (-) verletzt;
 verletzen
**besienswaardigheid
 (-hede)** Sehenswürdigkeit

besig (-e) beschäftigt
besigtig (-) besichtigen
beskadig (-); (-de)
 beschädigen; beschädigt
besluit (-); (-e)
 entscheiden; Entscheidung
besoek (-e); (-) Besuch;
 besuchen
bespreek (-) reservieren
bespreking (-s)
 Reservierung
bestel (-) bestellen
betaal (-) bezahlen
beteken (-) bedeuten
beter (die beste) besser
 (am besten)
betyds pünktlich
beursie (-s) Geldbeutel
bietjie bisschen
binne drinnen; innerhalb
binnekort bald
bioskoop (-skope) Kino
blaar (blare) Blatt (Baum)
blad (blaaie) Blatt (Papier)
blanke (-s) Weiße/r
blikkie (-s) Dose
blooi (ge-) bluten
blom (-me) Blume
bly (ge-) bleiben
bly wees (is, was)
 sich freuen, froh sein
boek (-e); (ge-) Buch;
 buchen
boer (-e); (ge-) Bauer;
 farmen *(Landwirt sein)*
boerdery (-e)
 Landwirtschaft
boete (-s) (Geld-)Strafe

boom (bome) Baum
boot (bote) Boot
bord (-e) Teller
bos (-se) Wald
bottel (-s) Flasche
bou (ge-) bauen
braai (ge-) grillen
brand (-e); (ge-) Brand; brennen
breed (breë) breit
breek (ge-) brechen
bril (-le) Brille
bring (ge-) bringen
brood (brode) Brot
brug (brûe) Brücke
bruinmens (-e) Mischling
buite draußen; außerhalb
buiteland Ausland
buitelander (-s) Ausländer/in
bus (-se) Bus
by bei
by die huis Zuhause

D

daagliks (-e) täglich
daar dort
daar is es gibt
daardie jene/r
daarom darum, deshalb
dadelik sofort
dag (dae) Tag
dak (-ke) Dach
dan dann (Zukunft)
dankie danke
dans (-e); (ge-) Tanz;tanzen
dapper mutig, tapfer
deel (dele); (ge-) Teil; teilen

deelneem (-ge-) teilnehmen
deur durch
deur (-e) Tür
deurpad (-paaie) Autobahn
dief (diewe) Dieb/in
diens (-te) Service (Dienst)
diep tief
dier (-e) Tier
dieselfde dasselbe
dik dick
dikwels oft
ding (-e) Ding
dink (ge-) denken
dit es
doeane Zoll
doen (ge-) tun
dokter (-s) Arzt
dom dumm
donderbui (-e) Gewitter
donker dunkel
dood; dood (dooie) Tod; tot
doodgaan (-ge-) sterben
doodmaak (-ge-) töten
dophou (-ge-) beobachten
dorp (-e) Dorf, Kleinstadt
dors durstig; Durst
dra (ge-) tragen
draai (ge-) abbiegen, drehen
drank (-e) Getränk
dringend (-e) dringend
drink (ge-) trinken
dronk betrunken
droog (droë) trocken
droogskoonmaker (-s) (chem.) Reinigung
droom (drome); (ge-) Traum; träumen
drywer (-s) Fahrer, Chauffeur

duin (-e) Düne
Duits (-e) Deutsch
Duitsland Deutschland
dun dünn
duur teuer
duur (ge-) dauern

E

eenkeer einmal
eenvoudig (-e) einfach, schlicht
eers (-te) erst, zuerst
eet (geëet) essen
eeu (-e) Jahrhundert
eg (-te) echt
eienaar (-s) Besitzer
eiendom (-me) Eigentum
eiland (-e) Insel
einde (-s) Ende
eintlik (-e) eigentlich
elke jede/r
en und
Engels (-e) Englisch
enjin (-s) Motor

F

fabriek (-e) Fabrik
familie Verwandtschaft
fees (-te) Fest
fiets (-e) Fahrrad
film (-s) Film (Foto)
fliek (-e) Film (Kino)
flits (-e) Taschenlampe
fluks (-e) fleißig
fooi (-e) Gebühr
fooitjie (-s) Trinkgeld
foto's neem (ge-) fotografieren

fout (-e) Fehler

gaaf (gawe) nett, freundlich
gaan (ge-) gehen
gaan (-) stap
  spazierengehen
garing Faden, Garn
gas (-se) Gas
gas (-te) Gast
gasheer (-here) Gastgeber
gastehuis (-e) Pension,
  Gasthof
gasvryheid
  Gastfreundschaft
gat (gate) Loch
gebeur (-) geschehen
gebore geboren
gebou (-e) Gebäude
gebruik (-) benutzen
gedurende während
  (+ Hauptwort)
gee (ge-) geben
geld (-e) Geld
geldig (-e) gültig
geluk Glück
gelukkig (-e) glücklich
gelukwens (-ge-)
  gratulieren
gemaklik (-e) bequem,
  komfortabel
geniet (-) genießen
genoeg genug
gesellig (-e) gemütlich
gesels (-) reden, plaudern
gesig (-te) Gesicht
gesin (-ne) Familie
geskiedenis Geschichte
  (historisch)

gesond (-e) gesund
gesondheid Gesundheit
gesprek (-ke) Gespräch
getroud (-e) verheiratet
gevaarlik (-e) gefährlich
gevoel (-ens) Gefühl
gewig (-te) Gewicht
gewild (-e) beliebt, populär
gewoond raak (ge-) aan
  sich gewöhnen an
gewoonte (-s) Brauch,
  Gewohnheit
gids (-e) Führer
gif (giwwe) Gift
glas (glase) Glas
glimlag (ge-) lächeln
glo (ge-) glauben
God (gode) Gott
godsdiens (-te) Religion
goed (goeie) gut
goedere Waren
goedkoop billig
gogga (-s) Insekt,
  Ungeziefer
gooi (ge-); (-e) werfen;
  Wurf
gou maak (ge-)
  sich beeilen
goud; gouo Gold; golden
graag gern
gras Gras
grens (-e); (ge-) Grenze;
  grenzen
groente (-s) Gemüse
groep (-e) Gruppe
groet (-e); (ge-) Gruß;
  grüßen
groot groß

haal, gaan/kom (-) holen
  gehen/kommen
haarkapper (-s) Frisör/in
haastig (-e) eilig, in Eile
halte (-s) Haltestelle
handel; (ge-) Handel;
  handeln
hard (-e) hart; laut
hardloop (ge-) laufen
  (rennen)
hawe (-ns) Hafen
hê (het, gehad) haben
heeltemal ganz, völlig
helder hell
help (ge-) helfen
hemel (-e) Himmel
herhaal (-) wiederholen
herinner (-) erinnern
hierdie diese/r
hoegenaamd überhaupt
honger hungrig; Hunger
hoofstad (-stede)
  Hauptstadt
hoog (hoë) hoch
hoop (ge-) hoffen
hoor (ge-) hören
hospitaal (-tale)
  Krankenhaus
hou (ge-) halten
hou (ge-) van mögen,
  gern haben
hout Holz
huil (ge-) weinen
huis (-e) Haus
huis toe nach Hause
hulp Hilfe
huur (ge-) mieten

I

iemand jemand
iets etwas
in in (örtl.)
in plaas van anstatt
inbreek (-ge-) einbrechen
Indiër (-s) Inder/in
ingang (-e) Eingang
inkopies doen (ge-)
einkaufen
inligting (-) Auskunft
invoer; (-ge-) Einfuhr;
einführen

J

jaar (jare) Jahr
jag (ge-); (-te) jagen; Jagd
jammer schade
jonk (jong) jung
juwele Schmuck

K

kaal nackt
Kaaps-Hollands (-e)
kapholländisch
kaart (-e) (Land-)Karte
kaartjie (-s)
(Eintritts-)Karte, Ticket
kaas Käse
kamer (-s) Zimmer
kamera (-s) Fotoapparat
kan (kon) können
kanselleer (ge-) stornieren
kant (-e) Seite, Richtung
kantoor (-tore) Büro
kar (-re) Auto
katoen Baumwolle

keer, een-/elke Mal,
einmal/jedes Mal
ken (ge-) kennen
kerk (-e) Kirche
kies (ge-) wählen,
auswählen
kind (-ers) Kind
kla (ge-) sich beschweren
klaar fertig
klein klein
klere Kleider
kleur (-e) Farbe
Kleurling (-e) Farbige/r,
Mischling
klip (-pe) Stein
koel kühl
koerant (-e) Zeitung
koffer (-s) Koffer
koffie Kaffee
kom (ge-) kommen
kombers (-e) Decke,
Bettdecke
kombuis (-e) Küche
kondoom (-dome) Kondom
konsert (-e) Konzert
konsulaat (-late) Konsulat
kontant Bargeld
kook (ge-) kochen
koop (ge-) kaufen
koppie (-s) Tasse
kort kurz
kos Essen
kos (ge-) kosten (Preis)
koud (koue) kalt
koud kry (ge-) frieren
(körperlich)
kroeg (kroeë) Kneipe
kruideniersware
Lebensmittel
kry (ge-) bekommen

kuier (ge-), by iemand
jmd. besuchen
kultuur (-ture) Kultur
kuns (-te) Kunst
kwaad (kwaai) oor
verärgert über
kwaliteit (-e) Qualität
kwitansie (-s) Quittung
kyk (ge-) na anschauen,
gucken

L

laag (lae) niedrig
laaste letze/r
laat spät
laat (ge-) lassen
laat (-) weet
benachrichtigen
lag (ge-) oor lachen über
laken (-s) Laken
lamp (-e) Lampe
land (-e); (ge-) Land; lan-
den
landskap (-pe) Landschaft
langs neben
lank (lang) lang
lawaai; (ge-) Lärm; lärmen
lê (ge-) liegen
leef (ge-) leben
leeg (leë) leer
leen (ge-) leihen, sich
leer (ge-) lernen, lehren;
Leder
lees (ge-) lesen
lekker angenehm, lecker
lelik (-e) hässlich
lepel (-s) Löffel
letter (-s) Buchstabe
lewe (-ns) Leben

liedjie (-s) Lied
liefhê (het lief, -gehad)
  lieben
lieg (ge-) lügen
lig (-te) leicht (Gewicht);
  Licht
links links
loop (ge-) laufen, gehen
lug Luft
lughawe (-ns) Flughafen
lui faul, träge
luister (ge-) na anhören,
  lauschen
lyf (lywe) Körper

M

maak (ge-) machen
maan (mane) Mond
maar aber
mag (mog) dürfen
makeer (ge-) fehlen
maklik (-e) einfach,
  mühelos
mal oor verrückt nach
Maleis (-e) (kap-)malaiisch
man (-s) Mann
manlik (-e) männlich
mark (-te) Markt
materiaal (-ale) Stoff
  (Kleidung)
medisyne (-) Medikament
meer (mere) (Binnen-)See
meer / die meeste
  mehr/ am meisten
meisie (-s) Mädchen
mekaar einander
mens, 'n man
mens (-e); mense
  Mensch; Leute

mense Leute
mes (-se) Messer
met mit
middel (-s) Mitte, Mittel
min wenig
mis (ge-) verpassen (Zug)
misdaad (-dade)
  Verbrechen
miskien vielleicht
moeg (moeë) müde
moeilik (-e) schwierig
moet (moes) müssen,
  sollen
mooi schön
moontlik (-e) möglich
môre morgen
motorfiets (-e) Motorrad
musiek Musik
muur (mure) Wand, Mauer
my mein/e
myn (-e) Mine, Bergwerk

N

na nach (zeitl.)
na (... toe) nach (örtl.)
naald (-e) Nadel
naby (nader/naaste) nah
  (näher/nächste)
nag (-te) Nacht
Namibiër (-s)
  Namibianer/in
nat nass
natuur Natur
natuurlik (-e) natürlich
neem (ge-) nehmen
neersit (-ge-) legen, stellen
net nur
nie ('n) ... nie kein/e
nie (... nie) nicht

niemand (... nie) niemand
niks (... nie) nichts
nodig (-e) nötig
nog noch
nommer (-s) Nummer
nooit (... nie) niemals
nou jetzt; eng
nuus Nachrichten
nuut (nuwe) neu
nywerheid (-hede) Industrie

O

oefen (ge-) üben
of oder; ob
olie Öl
om (te ...) um (zu ...)
omdat weil
omgewing (-s) Umgebung,
  Umwelt
omrede van wegen
omtrent ungefähr
onder unten; unter
ongeluk (-ke) Unfall
onskuldig (-e) unschuldig
onthou (-) sich erinnern
ontmoet (-) treffen,
  begegnen
ontspan (-)
  sich entspannen
ontwikkel (-) entwickeln
ooit jemals
ook auch
oopmaak (-ge-) öffnen
oor in, nach *(zeitl.)*; über
oor (orige) übrig
oorklim (-) umsteigen
oorlog (-loë) Krieg
oorlosie (-s)
  (Armband-)Uhr

Oostenryk Österreich
op auf
openbaar (-bare) öffentlich
ophou (-ge-) aufhören
opklim (-ge-) einsteigen
oppas (-ge-) aufpassen
opstaan (-ge-) aufstehen
optel (-ge-) (auf)heben
orals überall
oud (ou) alt
ouderdom (-me) (Lebens-)Alter
owerheid (-hede) Behörde

P

paar; (pare) paar; Paar
pad (paaie) (Land-)Straße
padkos Reiseproviant
papier Papier
parkeer (ge-) parken
pas (ge-) passen (Kleidung)
pasiënt (-e) Patient
pen (-ne) Kugelschreiber
permit (-te) Genehmigungsschein
petrol Benzin
plaas (plase) Bauernhof
plan (-ne) Plan, Idee
plant (-e) Pflanze
plek (-ke) Platz, Ort
politiek; (-e) Politik; politisch
potlood (-lode) Bleistift
praat (ge-) sprechen
prent (-e) Bild
present (-e) Geschenk
presies (-e) genau
pret hê (het, gehad) Spaß haben

privaat privat
probeer (ge-) versuchen
proe (ge-) kosten *(Speise)*
prys (-e) Preis
puik ausgezeichnet
pyn (-e); (ge-) Schmerz; schmerzen

R

radio (-'s) Radio, -gerät
rede (-s) Grund, Ursache
reën (-s); (ge-) Regen; regnen
reg (-te) richtig; Recht
regmaak (-ge-) reparieren
regs rechts
reguit aan geradeaus
reis (-e); (ge-) Reise; reisen
reisburo (-'s) Reisebüro
reiskaartjie (-s) Fahrkarte
reken (ge-) rechnen
rekening (-s) Rechnung
rigting (-s) Richtung
rivier (-e) Fluss
roep (ge-) rufen
rook (ge-); (-) rauchen; Rauch
roomys (Speise-)Eis
rooster (-s) Fahrplan
rou roh
rugsak (-ke) Rucksack
ruik (ge-); (-e) riechen; Geruch
ruil (-e); (ge-) Tausch; tauschen
rustig (-e) ruhig
ry (ge-) fahren, reiten
rybewys (-e) Führerschein
ryk reich

ryp reif

S

saak (sake) Sache, Angelegenheit
saam zusammen
saamry (-ge-) mitfahren
saamstem (-ge-) zustimmen
sag (-te) weich
sak (-ke) Tasche, Tüte
salaris (-se) Lohn, Gehalt
sambreel (-brele) (Regen-)Schirm
sap (-pe) Saft
sê (ge-) sagen
sedert seit
see (seë) See (w), Meer
seep Seife
seer schmerzhaft, wund
seisoen (-e) Jahreszeit, Saison
seker sicher, gewiss
selde selten
sentrum (-s) Zentrum
senuweeagtig (-e) nervös
seun (-s) Junge
siek krank
siekte (-s) Krankheit
sien (ge-) sehen
sigaret (-te) Zigarette
silwer Silber; silbern
sing (ge-) singen
sit (ge-) sitzen, sich setzen
skêr (-e) Schere
skerp scharf
skielik (-e) plötzlich
skiereiland (-e) Halbinsel
skiet (ge-) schießen

skilder (ge-); (-s) malen; Maler
skip (skepe) Schiff
skoen (-e) Schuh
skool (skole) Schule
skoon sauber
skoonmaak (-ge-) sauber machen, reinigen
skreeu (ge-) schreien
skryf (ge-) schreiben
skuld (-e); (ge-) Schuld; schulden
slaan (ge-) schlagen
slaap (ge-) schlafen
slaapsak (-ke) Schlafsack
slang (-e) Schlange
sleep (ge-) abschleppen
sleg (-te) schlecht
sleutel (-s) Schlüssel
slim klug
slot (-te) (Tür-)Schloss
sluit (ge-) (ab)schließen
smaak (ge-); (smake) schmecken; Geschmack
snaaks (-e) komisch
sny (ge-); (-e) schneiden; Schnitte
soek (ge-) suchen
soen (-e); (ge) Kuss; küssen
soet süß
sommige einige
soms manchmal
son (-ne) Sonne
sonder ohne
soontoe dorthin
soort (-e) Art, Sorte
soos wie, so wie
sout; (ge-) Salz, salzig; salzen
spaar (ge-) sparen

speel (ge-) spielen
speelgoed Spielzeug
spel (spele) Spiel
spesery (-e) Gewürz
spoorweg (-weë) Eisenbahn
sport (-soorte) Sport(-arten)
spyskaart (-e) Speisekarte
staan (ge-) stehen
stad (stede) (Groß-)Stadt
stadig (-e) langsam
stam (-me); (ge-) Stamm; stammen
stap (ge-) zu Fuß gehen
stasie (-s) Bahnhof
steel (ge-) stehlen
stem (-me) Stimme
ster (-re) Stern
sterk stark
steur (ge-) stören
stilhou (-ge-) anhalten
stoel (-e) Stuhl
stoot (ge-); (stote) schieben; Schubs
storie (-s) Geschichte (Erzählung)
stort (-e); (ge-) Dusche; duschen
stout frech (unartig)
straat (strate) Straße
strand (-e) Strand
streek (streke) Gegend, Region
stry (ge-) oor streiten über
stryk (ge-) bügeln
stuk (-ke) Stück
stukkend (-e) kaputt
stuur (ge-) schicken, senden
styl (-e) Stil

Suid-Afrikaans (-e) südafrikanisch
suiker Zucker
sukses (-se) Erfolg
sulke solche/r
suur sauer
swaar schwer (Gewicht)
swak schwach
swanger schwanger
swartmens (-e) Schwarze/r
swem (ge-) schwimmen
swembad (-dens) Freibad, Hallenbad
swempak (-ke) Badeanzug
Switserland Schweiz
sy Seide

T

taal (tale) Sprache
tafel (-s) Tisch
tandarts (-e) Zahnarzt
tas (-se) (Reise-)Tasche
te zu (*+ Eigenschaft*)
te veel zuviel
teen gegen
teenoor gegenüber
teken (ge-) unterschreiben
tel (ge-) zählen
tent (-e) Zelt
terug zurück
terugreis (-e) Rückreise
terwyl während (*+ Nebensatz*)
tevrede zufrieden
toe als (*zeitl.*); dann (*Vergangenheit*)
toebroodjie (-s) belegtes Brot
toekoms Zukunft

toelaat (-ge-) erlauben
toemaak (-ge-) zumachen
toestand (-e) Zustand
toevallig (-e) zufällig
tolk (-e); (ge-)
  Dolmetscher; dolmetschen
toring (-s) Turm
tot bis
tou (-e) Seil, Schnur
tradisie (-s) Tradition
trap (-pe) Treppe
trek (ge-); (-ke) ziehen;
  Treck
treurig (-e) traurig
tronk (-e) Gefängnis
trots; (-e) Stolz; stolz
tuin (-e) Garten
tussen zwischen
tyd (tye) Zeit
tydskrif (-te) Zeitschrift

U

uit aus
uitgang (-e) Ausgang
uitnodiging (-s) Einladung
uitnooi (-ge-) einladen
uitspraak Aussprache
uitstalling (-s) Ausstellung
uittrek (-ge-), jou
  sich ausziehen
uitvoer; (-ge-) Ausfuhr;
  ausführen

V

vakansie (-s) Urlaub, Ferien
vakansiedag (-dae) Feier-
  tag
val (ge-) fallen

vallei (-e) Tal
van von
vandag heute
vars frisch (Obst)
vas (-te) fest
vat (ge-) nehmen, fassen
veilig (-e) sicher, gefahrlos
veld (-e) Feld, Grasland
venster (-s) Fenster
ver weit, fern
verander (-) ändern,
  verändern
verband (-e) Verband
verblyf (-blywe) Aufenthalt
verbode verboten
verby vorbei
verdien (-) verdienen
verduidelik (-) erklären
verdwaal (-) sich verirren
vergeet (-) vergessen
verhuur (-) vermieten
verjaardag (-dae)
  Geburtstag
verkeer Verkehr
verkeerd (-e) falsch
verkies (-) lieber haben
verkoop (-) verkaufen
verkyker (-s) Feldstecher
verlaat (-) verlassen
verlang (-) na
  sich sehnen nach
verlede vergangen;
  Vergangenheit
verlief raak (ge-) op
  sich verlieben in
verloor (-) verlieren
verras (-); (-te)
  überraschen; -rascht
versadig (-de) satt
versamel (-) sammeln
versekering (-s)

Versicherung
verskil (-le) Unterschied
verskoon (-), jou
  sich entschuldigen
verstaan (-) verstehen
vertaal (-) übersetzen
  (Wort)
vertel (-) erzählen
vertraag (-de); (-)
  verspätet; verzögern
vertrek (-ke); (-) Abreise;
  abreisen
vervelig (-e) langweilig
vier (ge-) feiern
vind (ge-) finden
vinnig (-e) schnell
vir für
vis (-se) Fisch
vlak flach, seicht
vleis Fleisch
vlieg (ge-) fliegen
voel (ge-) fühlen, sich
voël (-s) Vogel
voetslaan (-ge-) wandern
vogtig (-e) feucht
vol voll
volg (ge-) folgen
volgende nächst, folgend
volk (-e, -ere) Volk
volwassene (-s)
  Erwachsene/r
voor vor; vorne
voorbeeld (-e), by
  zum Beispiel
voorstel (-ge-); (-le)
  vorschlagen; Vorschlag
vorm (-s) Formular
vra (ge-) fragen
vraag (vrae) Frage
vrede Frieden
vreemd (-e) fremd

vriend (-e) Freund
vriendelik (-e) freundlich
vriendskap (-pe)
 Freundschaft
vroeg (vroeë) früh
vrolik (-e) fröhlich
vrot faul (Obst)
vrou (-e) Frau
vroulik (-e) weiblich
vrug (-te) Frucht
vry frei
vuil schmutzig
vullis Müll
vurk (-e) Gabel
vuur (vure) Feuer
vuurhoutjie (-s) Streichholz

W

waar (ware) wahr
waarskynlik (-e)
 wahrscheinlich
wag (ge-) warten
wakker maak (ge-) wecken
warm warm
was (ge-), jou sich waschen
wassery (-e) Wäscherei
wat was
water (-s) Wasser
weer wieder; Wetter
weer 'n keer noch einmal
wees (is, was)
 sein (ist, war)
weet (ge-) wissen
weg weg
wen (ge-) gewinnen
wens (-e); (ge-) Wunsch;
 wünschen
wêreld (-e) Welt

werk (-e); (ge-) Arbeit;
 arbeiten
werker (-s) Arbeiter/in
werklik (-e) wirklich
wet (-te) Gesetz
wiel (-e) Rad
wil (wou) wollen
wind (-e) Wind
winkel (-s) Laden, Geschäft
wissel (ge-) wechseln
woestyn (-e) Wüste
wol Wolle
wolk (-e) Wolke
wond (-e) Wunde
woon (ge-) wohnen
woonstel (-le) Wohnung
woordeboek (-e)
 Wörterbuch
word (ge-) werden
 (Vollverb)
wyd (wye) weit, breit
wyn (-e) Wein
wys (ge-) zeigen

Y

ys, -blokkie (-s) Eis, -würfel
yskas (-te) Kühlschrank

Bildnachweis:

S. 4 oben und zweites von unten, 5 Mitte und unten, 6–7, 50–51, 53, 61, 65,
69, 75, 76, 79, 81, 87, 89, 91, 97, 99, 100, 102, 105, 130, 133, 134, 172–173, 197, 203,
206–207, 213, 215, 217, 218, 221, 222, 225, 227: Studio Klaus Arras

Alle übrigen Fotos: TLC Fotostudio

Illustration S. 9: Carmen Strzelecki